TE ENSEÑO DESDE MI EXPERIENCIA

MÁSCARAS

Diseño, Confección, Evaluación, Actividades

MANUAL DE TRABAJO

Ivelisse Gómez-Guzmán
zancopr@gmail.com

ISBN: 9798736553112

MÁSCARA

Las máscaras cubren el rostro, mientras el cuerpo se expresa por debajo.

Aquí te muestro mi trabajo, para que veas como me lo gozo.

Queriendo ayudar a formalizar, este Arte del que poco se escribe.

Pues puede que nuestra generación percibe, que nada de esto nos interesa.

¡Si supieran la grandeza de nuestra cultura y tradiciones!

De todo lo que se puede hacer utilizando como medio al teatro:

expresando, liberando, transformando, sanando...

Que se incluyan aportando en este bello mundo del Arte,

donde todos estamos llamados a transformarse.

No estuvieran diciendo que se aburren; dedicarían más tiempo a la investigación

cultivándose como seres integrales, honrando su vida, a sus ideales

salvando así nuestra Nación.

JUSTIFICACIÓN:

Este Manual de trabajo está diseñado para dirigir la enseñanza en el estudio de la máscara de un forma sencilla. Está pensado para estudiantes de un curso de máscaras o el aprendizaje de ella como unidad. No tiene que estudiarse en ese orden, ni realizar todas las actividades; es un abanico de posibilidades simples en el estudio de este tema. Su intención es ofrecer el descubrimiento de las caracterísicas de cada máscara según sus periódos en el teatro. Así el alumno podrá reconocerlas, identifcarlas y apropiarse de ellas para incluirlas en sus presentaciones artísticas o como medio de generar ingresos, vendiendo tanto sus sus diseños, como el producto terminado y enmarcado.

Provee además, estándares de Bellas Artes y objetivos generales alineados para su estudio formal. En el mismo manual se realizan todas las tareas y sirve de diario o bitácora documentativa, pues contiene los espacio necesarios para responder preguntas, rúbricas de evaluación, crear diseños, colocar fotos, entre otros. Se espera que sirva de ayuda como guía, que pueda seguirse ampliando y ajustando según las necesidades de quien lo utilice.

AGRADECIMIENTO:

Gracias- Gracias- Gracias: a Dios, al Universo.
Al maestro: José Jaime Maldonado González, por su aportación.
A Brenda Plumey, titiritera, maestra, mascarera, artista.
A quienes aportan y apoyan mi trabjajo. A la experiencia teatral de años.
A los alumnos quienes han sido el motivo de inspiración al crear material
para ellos y mejorar las prácticas pedagógicas.
Agradecida.

DEDICATORIA:

A mis padres: José Alberto y Virginia+

A los que dedican su vida a la enseñanza del Teatro.

A los que quieren aprender del Teatro.

A los que apoyan al Teatro.

A Mi Cariño; A Mi Contigo.

Gracias.

INDICE:

MÁSCARAS-IVELISSE GÓMEZ-GUZMÁN

Unidad:

Introducción

<u>Conozcamos de las Máscaras</u>

1. Tema: <u>La máscara y el Teatro</u>

2. Tema: <u>Explorando cuando cubro mi rostro</u>

3. Tema: <u>Boceto y Diseño</u>

4. Tema: <u>Rostro a mano libre de frente</u>

5. Tema: <u>La mascarilla</u>

ESTÁNDARES:	OBJETIVOS GENERALES: El alumno:
EDUCACIÓN ESTÉTICA	1.Contestará a preguntar para demostrar lo que sabe de los conceptos a estudiar.
CONTEXTO HISTÓRICO, SOCIAL Y CULTURAL	1. Leerá y comparará sus respuestas con información histórica provista para luego definirla correctamente y añadirla a su vocabulario. 2. Leerá el proceso de realizar una máscara para ponerlo en práctica al momento de la confección de una, con efectividad.
EXPRESIÓN CREATIVA	1.Conocerá el proceso del diseño del boceto de la máscara correctamente para utilizarlo cada vez que necesite construir una. 2. Practicará el boceto y diseño de una mascarilla con precisión, utilizando una plantilla de rostro dada. Luego le escribirá un mensaje positivo en ella, sin errores ortográficos.
JUICIO ESTÉTICO	1.Una vez realizado el boceto y confeccionado el diseño en la mascarilla, autoevaluará su trabajo para reconocer fortalezas y debilidades. Después compartirá su evaluación con el maestro para discutirla. (Evaluación combinada) 2. Escribirá un corto ensayo reflexivo mediante respuestas a preguntas dadas, con un mínimo de error.

NOMBRE: _____   Fecha: _____

ESTÁNDAR: EDUACACIÓN ESTÉTICA

TEMA: La máscara y el Teatro

ACTIVIDAD: Conteste las preguntas según su conocimiento previo.

1. ¿Qué es una máscara?

2. ¿Quiénes fueron los primeros en utilizar máscaras y para qué?

3. ¿De qué material se construyeron las primeras máscaras?

4. ¿Cómo el uso de las máscaras influye en el teatro?

5. ¿Cuál crees que es la diferencia entre una máscara y un antifaz?

6. Dibuje una máscara según su conocimiento:

CONTEXTO HISTÓRICO, SOCIAL Y CULTURAL:
TEMA: <u>La máscara y el Teatro</u>   Fecha: _____

La máscara es un aditamento o artificio que se utiliza para cubrir la cara. Varía en materiales de acuerdo con la creatividad del artista: papel maché, tela, yeso, plástico, cartón, cerámica, algún tipo de modelado, fibra de cristal, madera o mezcla de materiales u otro. Su propósito es diverso: eliminar toda expresión del rostro o mantenerlo neutro, proponer una expresión fijándola, puede crear misterio si es una media máscara, o ser colorida y carnavalesca, grotesca de grandes proporciones, deformes, con cuernos, entre otras tantas posibilidades. Esta ayuda en la creación de un personaje a caracterizar.

En la prehistoria, el hombre utilizó los huesos del cráneo de los animales que cazaba como máscaras. Las colocaban sobre sus rostros pues pensaban que ganaban el espíritu del animal y esto le ayudaba a mezclarse entre los animales logrando éxito en la caza. En la Edad de Piedra son las pinturas de las cavernas las que nos ilustran de esta estrategia para la caza. Otras culturas, como la Africana, están realizadas de madera y asociadas a sus creencias religiosas.

En el Teatro la máscara se usa para la creación de personajes. Libera al actor de ser sí mismo para prestarle su cuerpo a otro. Quiere decir que, al tener el rostro tapado, se vale de todo su cuerpo para la caracterización, haciendo que la reacción del cuerpo se convierta en protagonista de la escena. La máscara debe mantenerse frontal la mayor parte del tiempo, aunque el cuerpo se mueva en distintas direcciones. Además de realizar movimientos lentos y simples para su fácil comprensión de la idea a presentar.

Han sido variados los propósitos del uso de la máscara en el teatro desde sus orígenes: evidenciar los rasgos característicos de cada personaje, permitir identificar al personaje desde la distancia, ayudar a que un mismo actor realice una variedad de personajes y a su vez, pueda cambiar de género con facilidad.

Un dato curioso es resaltar que la máscara más sencilla es la nariz de payaso. Esta inició con Tom Belling y su personaje "Augusto", en su incidente en el circo donde se accidentó la nariz cubriéndosela de sangre al querer continuar su espectáculo, causando una risa sostenible en su público. Luego, queriendo repetir la ocasión de la risa, se la pintaba de rojo y más adelante se la cubría. En la actualidad, algunos payasos le han cambiado el color rojo por negro, verde o de varios colores.

Existe una diferencia entre el antifaz y la máscara. La primera, cubre poca parte de la frente y el área de los ojos. Algunos antifaces pueden cubrir la nariz y hasta los pómulos, dejando al descubierto sólo la boca. Estas suelen llamarse medias máscaras. Mientras que la máscara, oculta todo el rostro. Hay máscaras, como la de las películas de terror, por ejemplo, que arropan incluso hasta la cabeza.

Además, hay máscaras que pueden llegar a realizarse más grandes que el rostro casi convirtiéndose en cabezudo. La diferencia puede estar en lo grande y despegado del rostro. El cabezudo debe ser una caricatura del rostro de una persona y suele ser proporcionalmente más grande que el cuerpo. Mientras que la máscara puede llegar cubrir toda el área de la circunsferencia de la cabeza, pero está proporcional con el cuerpo.

En la actualidad, la máscara ha perdido su carácter ritual de la caza para convertirse en un elemento festivo-carnavalesco. Sucede con los antifaces y los bailes de salón, entre otros ejemplos. En varios lugares del mundo a la máscara la utilizan como elemento propiamente teatral; hasta ha llegado a convertirse en piezas artísticas, de exhibición en museos y obras invaluables tocando el límite hacia la escultura. También ha evolucionado hasta convertirse en un lienzo, donde grandes pinturas le adornan y/o se le pegan elementos tridimencionales en ella haciéndolas parecer grandes obras de arte.

La mascarilla o el cubrebocas es considerado casi como una *"máscara invertida". Esta vez, en vez de cubrir los ojos, frente y/o nariz como el antifaz; o todo el rostro como la máscara, sólo cubre la boca, la nariz y parte de los llamados cachets, en el rostro. Actualmente, debido a la pandemia del Covid 19 que nos arropa, ha pasado a ser hasta parte de una prenda de vestir, donde diseñadores la han convertido en una pieza importante de la vestimenta.

Tipos de máscaras:

1. Máscara completa que cubre el rostro.
2. Máscara de latex que cubre rostro y cabeza. (ej. Batman)
3. Media máscara: cubre frente, pómulos y nariz.
4. El antifaz: cubre alrededor de los ojos, a veces puede incluir la nariz.
5. Máscara fraccionada: cubre nariz, frente y mentón.
6. Inclusión de prótesis: nariz y/o pómulos pegados por separados al rostro.
7. Máscara social: uso de maquillaje (resalta las facciones del rostro, puede llegar a lo exagerado).
8. Infarinato (cubrir el rostro con harina o polvo).
9. Máscara más sencilla: la nariz de payaso.

---

*El concepto "máscara invertida" es uno nombrado por el maestro de Teatro José Jaime Maldonado González.

Nombre: _____ Fecha: _____

EJECUSIÓN CREATIVA:

ACTIVIDAD: Explorando cuando cubro mi rostro

MATERIAL: pañuelo, una bufanda, una funda de almohada o un pedazo de tela.

PROCEDIMIENTO:

1. Seleccione un espacio amplio y seguro. Siéntese en el suelo.

2. Cubra su rostro con el pañuelo, la bufanda, una funda de almohada o pedazo de tela. Procure que pueda respirar cómodamente.

3. Hágase consciente de las sensaciones que le provocan estar sentado y con el rostro cubierto. Respire.

4. Demuestre los posibles movimientos que puede realizar desde el suelo.

5. Poco a poco póngase en pie; recuerde respirar y saber cómo se siente.

6. Trasládese por el espacio lentamente. Ejecute movimientos propios y variados al estar en pie. Respire.

7. Deténgase. Respire.

8. Vuelva a sentarse. Respire.

9. Poco a poco vaya descubriendo su rostro. Respire.

10. Tómese unos minutos para responder con una sola palabra:

a. Cuando me senté en el piso me sentí: _____.

b. Al tapar mi rostro mi corazón latió: _____.

c. ¿Podía hacer movimientos en el piso con el rostro cubierto? _____.

d. ¿Me pude poner de pie con facilidad? _____.

e. ¿Pude ejecutar movimientos variados estando en pie? _____.

f. ¿Se me hizo fácil sentarme con el rostro cubierto? _____.

g. ¿Repetiría la actividad? _____.

TEMA: <u>La máscara y el Teatro</u>   Fecha: _____

JUICIO ESTÉTICO:

ACTIVIDAD: Conteste las preguntas según la lectura realizada.

Compare sus respuestas con las contestadas antes de la lectura. ¿Cuántas respuestas habrás acertado?

ACTIVIDAD: Conteste las preguntas según su conocimiento previo.

1. ¿Qué es una máscara?

2. ¿Quiénes fueron los primeros en utilizar máscaras y para qué?

3. ¿De qué material se construyeron las primeras máscaras?

4. ¿Cómo el uso de las máscaras influye en el teatro?

5. ¿Cuál crees que es la diferencia entre una máscara y un antifaz?

Nombre: _____   Fecha: _____

EDUCACIÓN ESTÉTICA:

TEMA: Boceto y Diseño

1. ¿Cuál crees que es la diferencia entre un boceto y un diseño?

_____

_____

_____

_____

_____

_____

_____

2. ¿Alguna vez ha realizado un boceto?

_____

_____

3. ¿Cree tener destrezas necesarias para realizar un boceto y un diseño? Explique.

_____

_____

_____

_____

_____

_____

_____

_____

_____

_____

_____

_____

CONTEXTO HISTÓRICO, SOCIAL Y CULTURAL:
TEMA: Boceto y Diseño   Fecha: _____

El boceto es pasar la idea mental a un papel. Puede ser a mano libre, mientras que el diseño requiere que la imagen plasmada esté completada con sus detalles y en color.

Antes de realizar una máscara es recomendable hacer un boceto y llevarlo al diseño. Esto ayudará a tener la idea más clara de las características particulares de cada máscara y será una excelente guía a la hora de su confección. Todo esfuerzo realizado es valorado. La práctica le llevará a la perfección.

Puede seguir las siguientes recomendaciones:
• Tenga una hoja de papel blanco.
• Utilice una plantilla de rostro debajo del papel blanco donde realizará el boceto. La plantilla le ayudará a localizar los ojos, nariz, boca y contorno del rostro, entre otros.
• Puede fijar, con pedazos pequeños de cinta adhesiva, las esquinas de los papeles a la mesa donde esté trabajando. Esto no permitirá que se le corran los papeles.
• Si no posee experiencia dibujando, comience marcando el contorno del rostro. Utilice líneas finas por si tiene que borrar.
• Marque la apertura de los ojos. Luego, proceda a colocar las características particulares de la máscara a diseñar. Es recomendable buscar una imagen de la máscara deseada como referencia.
• Ejemplo de características particulares de las máscaras: si la nariz es más grande que la de la plantilla, si tiene arrugas en la frente, si la apertura de ojos es una figura geométrica o tiene otra forma, si la boca es abierta o cerrada, si posee cuernos, si tiene pómulos sobresalientes, otros.
• Si aún se le dificulta el boceto de su máscara, puede dibujar correctamente la mitad y luego transferir la otra mitad (simetría) doblándola y calcándola por el reverso del papel.
    • Intentémoslo. A divertirse.

EJEMPLO DE PLANTILLA DE ROSTRO: puede recortarla y utilizarla de base.

✂

Nombre: _____   Fecha: _____

EJECUSIÓN CREATIVA:

TEMA: <u>Rostro de frente: práctica</u>

ACTIVIDAD: Utilice este espacio para dibujar un rostro de frente utilizando la plantilla dada.

MÁSCARAS-IVELISSE GÓMEZ-GUZMÁN

EJECUSIÓN CREATIVA:

TEMA: Rostro a mano libre de frente   Fecha: _____

1. Trace 7 líneas horizontales a la misma distancia cada una.

2. Enumérelas de abajo hacia arriba.

3. Trace otra línea de arriba hacia abajo que divida las líneas a la mitad.

4. En la línea 5 dibuje los ojos a cada lado de la línea del medio. Estos son dos montanas que se unen: una arriba de la línea y otra debajo de ésta. Luego dibuje un círculo dentro de las montañas (ojos).

5. La línea 6 corresponde a las cejas; una montaña a cada lado. (líneas curvas).

6. En la línea 4 va la nariz: como tiene mascarilla, no se dibuja. Proceda a dibujar el contorno del rostro.

7. Añada orejas si desea, entre línea 4 y 5. Complete detalles de interés.

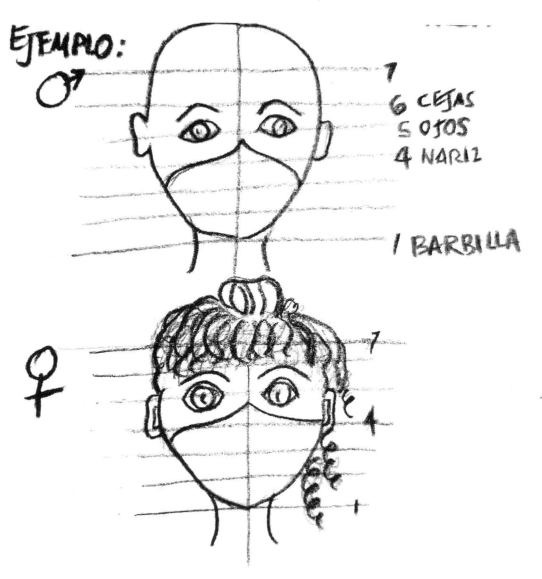

Nombre: _____ Fecha: _____

EJECUSIÓN CREATIVA:

TEMA: <u>Rostro a mano libre de frente: práctica</u>.

ACTIVIDAD: Utilice este espacio para dibujar un rostro de frente utilizando las siete (7) líneas guías, según estudiado.

Nombre: _____ Fecha: _____

EJECUSIÓN CREATIVA:

TEMA: La mascarilla

ACTIVIDAD: Busque y circule las palabras en el palabragramas.

MASCARILLA

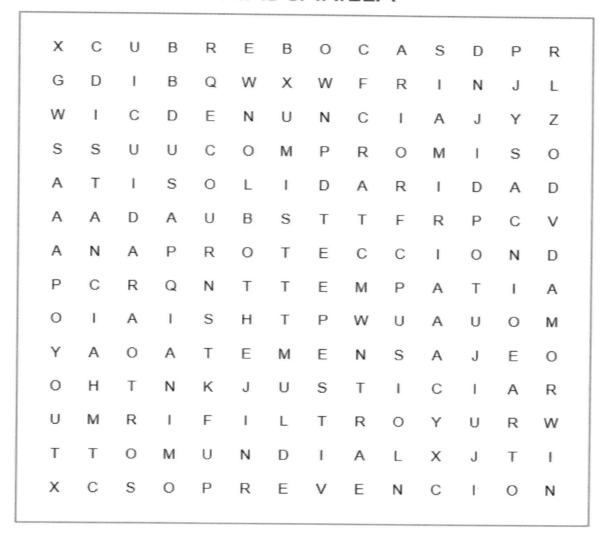

X	C	U	B	R	E	B	O	C	A	S	D	P	R
G	D	I	B	Q	W	X	W	F	R	I	N	J	L
W	I	C	D	E	N	U	N	C	I	A	J	Y	Z
S	S	U	U	C	O	M	P	R	O	M	I	S	O
A	T	I	S	O	L	I	D	A	R	I	D	A	D
A	A	D	A	U	B	S	T	T	F	R	P	C	V
A	N	A	P	R	O	T	E	C	C	I	O	N	D
P	C	R	Q	N	T	T	E	M	P	A	T	I	A
O	I	A	I	S	H	T	P	W	U	A	U	O	M
Y	A	O	A	T	E	M	E	N	S	A	J	E	O
O	H	T	N	K	J	U	S	T	I	C	I	A	R
U	M	R	I	F	I	L	T	R	O	Y	U	R	W
T	T	O	M	U	N	D	I	A	L	X	J	T	I
X	C	S	O	P	R	E	V	E	N	C	I	O	N

AMOR	ANIMO
APOYO	COMPROMISO
CUBREBOCAS	CUIDARAOTROS
DENUNCIA	DISTANCIA
EMPATIA	FILTRO
JUSTICIA	MENSAJE
MUNDIAL	PREVENCION
PROTECCION	SOLIDARIDAD

Nombre _____ Fecha: _____

EJECUSIÓN CREATIVA
TEMA: La mascarilla

ACTIVIDAD: Diseño de un boceto de una mascarilla: MENSAJE POSITIVO Valor: 20 pts

MATERIALES: lápiz, papel blanco, crayones o lápices de colores.

PROCEDIMIENTO:
1.Coloque la plantilla de rostro debajo de la siguiente página para que la utilice de referencia o puede intentar dibujar un rostro a mano libre. Recuerde mantener la proporción. Si utiliza la plantilla, dibuje la forma de la mascarilla y luego trace las partes del rostro que queden fuera de la mascarilla.
2. Después de dibujar la mascarilla, escribe un mensaje positivo en ella. Coloree las letras del mensaje y la mascarilla.

ACTIVIDAD #2: Personalizar mascarilla: MENSAJE POSITIVO   Valor: 20 puntos

MATERIALES: mascarilla de papel, marcadores y/o papel de construcción o pinturas, pincel, tijeras, pega, otro.

PROCEDIMIENTO:
1. Utilice una mascarilla de papel para que escriba el MENSAJE POSITIVO en ella. Puede escribirlo directamente en la mascarilla o escribirlo en papel y pegarlo. También puede trazar cada letra y recortarla individual para formar palabras.
2. Una vez terminada y seca, colóquese la mascarilla. Tómese una foto realizando una expresión utilizando sus ojos, cejas, frente. Compárlala con los miembros del grupo.

MASCARILLA:

MASCARILLA:

Coloque aquí su foto.

Escriba cómo se sintió realizando esta actividad.

_____

_____

_____

_____

_____

_____

_____

_____

_____

_____

_____

NOMBRE: _____ Fecha: _____

RÚBRICA PARA EVALUAR DISEÑO DE MASCARILLA: valor: 20 puntos

CRITERIO	4 Excelente	3 Bueno	2 Regular	0 NO hizo
BOCETO- USO DE PLANTILLA	_usa plantilla para dibujar o no usa plantilla y tiene proporción.		_NO usa plantilla para dibujar, no tiene proporción.	_NO realizó boceto.
RELEVANCIA DEL MENSAJE	_se define el mensaje en su boceto	_se define poco el menaje en su boceto	_NO se define el mensaje en boceto	_NO realizó el mensaje.
LIMPIEZA: Borrones/arrugas	_el diseño está libre de borrones y arrugas.	_el diseño con pocos borrones/arrugas.	_el diseño está lleno borrones o arrugas.	_NO realizó el boceto.
USO DEL COLOR EN EL BOCETO	_coloreó completo el boceto	_coloreó parcial el boceto		__NO coloreó.
GRAMÁTICA	_No hay errores de gramática	_Hay 1 error de gramática	_dos o más errores de gramática	_NO escribió el mensaje.
Total:				

RÚBRICA PARA EVALUAR PERSONALIZACIÓN DE LA MASCARILLA: MENSAJE POSITIVO

Fecha: _____

CRITERIO	4 Excelente	3 Bueno	2 Regular	0 NO hizo
COLOCACIÓN DE ELEMENTOS EN MASCARILLA	_toda información puesta en mascarilla según boceto		_información parcial en mascarilla según boceto	_NO realizó el trabajo
RELEVANCIA DEL MENSAJE	_se define el mensaje en su mascarilla	_se define poco el menaje en mascarilla	_NO se define el mensaje	_NO escribió el mensaje.
LIMPIEZA	_mascarilla está libre de borrones o manchas.	_mascarilla con pocos borrones o manchas.	_mascarilla llena de borrones o manchas	_NO realizó el trabajo.
USO DEL COLOR EN MASCARILLA	_coloreó correctamente	_coloreó chorreado o		__NO coloreó.
GRAMÁTICA	_No hay errores de gramática	_Hay 1 error de gramática	_dos o más errores de gramática	_NO lo hizo.
Total:				

_____   _____   _____

Firma del estudiante   Firma maestr@   Firma encargado

Observaciones: _____

_____

Educación diferenciada:_____ tutoría de pares ___subgrupos

___otro:_____

E/E: ___tiempo adicional ___ayuda individualizada ___maestra recurso

Excento de SIE, razón: _____

EJECUSIÓN CREATIVA:

TEMA: La mascarilla
ACTIVIDAD: Divulgando nuestro trabajo   VALOR: 25 puntos.
Agrúpese: cada sub grupo puede elegir una propuesta o crear la suya. Luego de terminado el producto, debe compartirlo con la comunidad escolar, vecinal o en redes de la escuela (con a debida autorización de padres).
1. Realice un "collage" con todas las fotos de su subgrupo y sus mascarillas con mensajes positivos. Utilice una cartulina o cartón grande, pegue las fotos y exhiba.
2. Realice un video de su subgrupo mostrando detenidamente las mascarillas para que puedan leerse los mensajes positivos.
3. Cree un anuncio publicitario de mensajes positivos en mascarillas utilizadas por los alumnos del subgrupo.
4. Realice un pasarela modelando las mascarillas y un locutor va anunciando los mensajes.
5. _____
_____

HOJA DE TRABAJO:

SUB GRUPO # _____   Nombre del subgrpo: _____

Nombre del trabajo: _____

Fecha de comienzo: _____ Fecha de entrega: _____

Nombre de los integrantes:	Tarea:	Porciento de colaboración:

Narrativo de la tarea: _____
_____
_____
_____

Nombre: _____ Fecha: _____

Tema: Mascarilla: evaluación de la divulgación

HOJA DE COTEJO CON PUNTUACIÓN: valor: 25 puntos

CRITERIO	5 LOGRADO	3 EN PROCESO	0 NO INTENTÓ
DISCIPLINA: hoja de trabajo y producto	_entregó hoja de trabajo y producto completado antes o a tiempo.	_entregó hoja de trabajo o producto después del tiempo y/o incompleto.	_No entregó. No participó.
TRABAJO EN EQUIPO	_demuestra trabajo colaborativo: división equitativa de las tareas.	_demuestra pobre trabajo colaborativo: realizó parcialmente su tarea.	_No demuestra trabajo colaborativo: no realizó/participó.
USO DE LA TECNOLOGÍA (presentación)	_utilizó la tecnología adecuada para realizar el trabajo.	_No utilizó la tecnología adecuada para realizar el trabajo.	_No realizó la foto/video/pasarela.
CREATIVIDAD (secuencia, uso de música, efectos especiales)	_añadió uno o varios elementos que hicieron la presentación divertida/atractiva.	_ No añadió ningún elemento que hizo la presentación divertida/atractiva.	_NO realizó la foto /video/pasarela.
DIVULGACIÓN DEL PRODUCTO	_el producto fue publicado para beneficio de otros: padres, comunidad.	_el producto fue realizado, pero no publicado.	_el producto NO fue realizado ni publicado.
TOTAL			

_____   _____   _____
Firma del estudiante   Firma maestr@   Firma encargado
Observaciones:_____
_____
_____

Educación diferenciada:____ tutoría de pares ___subgrupos ___otro
Observaciones: _____

GRADO DE SATISFACCIÓN EN LA DIVULGACIÓN:
Complete la oración:
1. Me siento orgulloso del trabajo realizado porque

_____

2. El trabajar en equipo logró que

_____

_____

3. Actividades como esta demuestran

_____

_____

Nombre: _____   Fecha: _____

JUICIO ESTÉTICO:

REFLEXIÓN: Conteste utilizando oraciones. Cada pregunta corresponde a un párrafo y cada párrafo debe tener un mínimo de cinco oraciones. Ofrezca evidencia, datos, haga comparaciones, de acuerdo con la pregunta. Valor: 25 puntos

1. ¿Conocía del origen de la máscara? Explique su respuesta.

2. ¿Ha construido alguna vez una máscara? Explique su respuesta.

3. ¿Ha utilizado alguna vez una máscara, por qué? Narre su experiencia. Si no ha utilizado una, ¿cómo cree que sería la experiencia al utilizar una?

_____

_____

_____

_____

_____

_____

_____

_____

_____

_____

_____

_____

_____

_____

_____

_____

_____

_____

_____

NOMBRE: _____ Fecha: _____

RÚBRICA DE REFEXIÓN: valor: 25 puntos

CRITERIOS	5 EXCELENTE	3 BUENO	2 SATISFACTORIO	1 DEFICIENTE
FORMATO TIPO PÁRRAFOS	__usa formato de párrafos	__ a veces usa formato de párrafos	__ rara vez usa formato de párrafos	__No usó formato de párrafos o No hizo
CONTENIDO	__ contestó todas las preguntas	__ contestó 2 de las preguntas	____ contestó 1 de las preguntas	__ No contestó las preguntas
DATOS-EVIDENCIA	__provee 3 o más evidencia en sus respuestas	__ provee 2 evidencias en sus respuestas	__provee 1 evidencia en sus respuestas	__No provee evidencia en sus respuestas No lo hizo
ORTOGRAFÍA	__ no tiene errores de puntuación, ni de letras mayúsculas, ni palabras mal escritas, ni error de sintaxis	__ tiene de uno a tres errores de puntuación, de letras mayúsculas, palabras mal escritas, o error de sintaxis	__ tiene de cuatro a seis errores de puntuación, de letras mayúsculas, palabras mal escritas, o error de sintaxis	__tiene siete o más errores de puntuación, de letras mayúsculas, palabras mal escritas, o error de sintaxis. No hizo.
DISCIPLINA-PUNTUALIDAD	__entregó el trabajo antes o el día asignado	__entregó el trabajo el día después del día asignado	__entregó el trabajo dos o tres días después del día asignado	__entregó el trabajo cuatro o más días después del día asignado. No entregó.
Total:				

_____   _____   _____

Firma estudiante   Firma maestr@   Firma encargado

Observaciones: _____

Educación diferenciada:_____ tutoría de pares ___subgrupos ___otro:_____

E/E: _____tiempo adicional ___ayuda individualizada ___maestra recurso

___otro:_____

_____ SIE, exento, razón_____

Unidad:

Máscaras Teatrales

Tema: <u>La Máscara Neutra</u>

Tema: <u>Máscara Larvaria</u>

Tema: <u>La Máscara Griega</u>

Tema: <u>Máscara Japonesa</u>

Tema: <u>Máscara Comedia del Arte</u>

Tema: <u>Máscara Veneciana</u>

ESTÁNDARES:	OBJETIVOS GENERALES: El alumno:	ACTIVIDADES:
EDUCACIÓN ESTÉTICA	Definirá el concepto máscara neutra/larvaria/griega/japonesa/Comedia del Arte/Veneciana, de acuerdo con su conocimiento previo de ésta mediante respuestas a preguntas/un cierto o falso dado.	#1: Conteste preguntas dadas/cierto y falso.
CONTEXTO HISTÓRICO, SOCIAL Y CULTURAL	1. Leerá y comparará sus respuestas con información histórica provista para luego definirla correctamente y añadirla a su vocabulario. 2. Leerá el proceso de realizar una máscara para ponerlo en práctica al momento de la confección de una, con efectividad.	#1: Lectura: Estudio de la máscara. #2: Proceso para realizar una máscara.
EXPRESIÓN CREATIVA	1.Luego de haber realizadoel boceto, autoevaluará su trabajo para reconocer fortalezas y debilidades a reflexionar. Después compartirá su evaluación con el maestro para discutirla. (Evaluación combinada) 2. Utilizando el boceto como guía, confeccionará una máscara siguiendo los pasos previamente estudiados para lograr, al menos, un 95% de efectividad destacando sus características particulares. Documentará su proceso diario mediane bitácora de trabajo, dada. 3. Evidenciará su trabajo clocando una o varias fotos del producto y/o proceso sin error. 4. Leerá recomendaciones al utilizar la máscara griega para que su presentación luzca apropiadamente. 5. Seleccionará uno de los mitos dados o investigará para utilizar uno de interés creando la historia (inicio, desarrollo y cierre) mediante acciones y utilizando la máscara griega correctamente. 6. Realizará una actividad dada para cada una de las máscaras estudiadas en clase corroborando lo aprendido, con un mínimo de error.	#1: Dibuje una propuesta de la máscara neutra/ griega/larvaria/griega/ japonesa/Comedia del Arte/Veneciana, según sus características particulares estudiadas en clase. #2:Realice un máscara partiendo del diseño creado. Documente día a día su proceso. (Bitácora). #3:Coloque una o varias fotografías de su máscara terminada. #4: Lugar-emoción Máscara Neutra. #5: Seleccione un mito dado para trabajarlo y realizar una presentación.
JUICIO ESTÉTICO	1.Luego de haber confeccionado la máscara, autoevaluará su trabajo para reconocer fortalezas y debilidades. Después compartirá su evaluación con el maestro para discutirla. (Evaluación combinada) 2. Escribirá un corto ensayo reflexivo mediante respuestas a preguntas dadas, con un mínimo de error. 3. Autoevaluará su presentación mediante rúbrica dada y luego compartirá con su maestro para discutirla, efectivamente.	#1: Evaluación #2: Reflexión #3: Evaluación

Nombre: _____   Fecha: _____

EDUCACIÓN ESTÉTICA:

TEMA: <u>Máscara Neutra</u>

¿Cuando escucha el concepto: máscara neutra, ¿qué le viene a su mente?

Conteste "Cierto o Falso" según crea que es la respuesta correcta.

_____1. La máscara neutra representa un estado expresivo de un rostro.

_____ 2. Jacques Lecoq fue el que diseño la máscara neutra.

_____ 3. Amleto Sartori desarrolló la pedagogía teatral.

_____ 4. El material de la máscara neutra es cuero.

_____ 5. La máscara neutra simula el momento previo a la acción.

_____ 6. Una característica de la máscara neutra es la frente ancha.

_____ 7. Otra característica de la máscara neutra es la boca bien abierta.

_____ 8. Los ojos abiertos la distinguen de otras máscaras.

_____ 9. Luego de utilizar la máscara neutra debe estar relajado el rostro.

_____10. Su proceder es el descubrimiento.

TEMA: <u>Estudio de la máscara neutra</u>   Fecha: _____

CONTEXTO HISTÓRICO, SOCIAL Y CULTURAL:

Según dice su nombre, la máscara neutra representa un estado de profunda calma. No tiene ninguna expresión. Esta máscara marca el inicio de la pedagogía teatral de Jacques Lecoq. Fue diseñada por Amleto Sartori. Considerada "la máscara de las máscaras" pues es la referencia del resto de las máscaras expresivas o de la Comedia del Arte. Su diseño y confección es complicado: frente amplia y relajada, ojos abiertos, boca entreabierta y sin ninguna expresión.

Es una mezcla de la máscara noble de Jean Daste y la máscara japonesa del Teatro NOH: "Ko omote". Realizada de cuero por su diseñador.

Esta refleja la calma total, tranquilidad, inocencia y disposición del actor a estar listo, pues simula el momento previo para la acción. Su proceder es de descubrimiento, de disponibilidad para escuchar y recibir. Entonces, el público puede observar los movimientos de quien porte la máscara. Está supuesta a ayudar a quien la porte a llegar a la relajación total al quitársela y poder repetir la secuencia actoral manteniendo el rostro relajado como si portara la máscara neutra.

Nombre: _____ Fecha: _____

CONTEXTO HISTÓRICO, SOCIAL Y CULTURAL:

ACTIVIDAD: Busque información adicional sobre la máscara neutra y escríbala aquí.

Luego de haber realizado y discutido la lectura, conteste correctamente si cada oración es "cierta o falsa". Compare con sus respuestas previas.

_____1. La máscara neutra representa un estado expresivo de un rostro.

_____ 2. Jacques Lecoq fue el que diseño la máscara neutra.

_____ 3. Amleto Sartori desarrolló la pedagogía teatral.

_____ 4. El material de la máscara neutra es cuero.

_____ 5. La máscara neutra simula el momento previo a la acción.

_____ 6. Una característica de la máscara neutra es la frente ancha.

_____ 7. Otra característica de la máscara neutra es la boca bien abierta.

_____ 8. Los ojos abiertos la distinguen de otras máscaras.

_____ 9. Luego de utilizar la máscara neutra debe estar relajado el rostro.

_____10. Su proceder es el descubrimiento.

41

Nombre: _____   Fecha: _____

EJECUSIÓN CREATIVA:

TEMA: Máscara neutra   valor: 20 puntos

ACTIVIDAD: Dibuje una propuesta de la máscara neutra. Utilice la plantilla de rostro para hacer su boceto y diseño. Colóquela debajo de esta página como guía o dibújela a mano libre. Recuerde mantener la proporción. Ver rúbrica de evaluación.

43

Nombre: _____ Fecha: _____

JUICIO ESTÉTICO:

RÚBRICA PARA EVALUAR DISEÑO DE MÁSCARA NEUTRA: valor: 20 puntos

CRITERIO	4 Excelente	3 Bueno	2 Regular	0 NO hizo
BOCETO-USO DE PLANTILLA (proporción)	_siempre usa plantilla para dibujar o tiene proporción.	_usa incorrecta la plantilla para dibujar (NO proporción).	_NO usa plantilla para dibujar (NO proporción).	_NO hizo el boceto.
RELEVANCIA DEL DISEÑO CARACTERÍSTICAS MÁSCARA NEUTRA	_tiene todas las características de la máscara neutra estudiadas.	_tiene varias de las características de la mascara neutral estudiada.	_ NO tiene ninguna característica de la mascara neutral estudiada.	_NO hizo el diseño de la máscara neutra.
LIMPIEZA (borrones-arrugado el papel)	_el diseño está libre de borrones y arrugas.	_el diseño tiene pocos borrones o arrugas.	_el diseño tiene varios borrones o arrugas.	_NO hizo el diseño de la máscara neutra.
COLOR (de acuerdo a la máscara neutra)	_El color es el adecuado y está coloreado con trazo de un mismo lado.	_El color es el adecuado y está coloreado con trazos hacia varios lados.	_El color No es adecuado y está coloreado con trazos hacia varios lados.	_NO la coloreó/NO hizo el diseño de la máscara neutra.
DISCIPLINA/ PUNTUALIDAD	__entregó antes o el día asignado.	_entregó un día después del día asignado.	_entregó dos a tres días después del asignado.	No entregó.
Total				

_____   _____   _____
Firma estudiante   Firma maestr@   Firma del encargado
Observaciones: _____
_____
_____

Educación diferenciada: _____ tutoría de pares ___subgrupos ___otro: _____
E/E: _____tiempo adicional ___ayuda individualizada ___maestra recurso
_____ SIE, exento, razón: _____

EJECUSIÓN CREATIVA
TEMA: Proceso para realizar una máscara   Fecha: _____

Existen varios métodos para realizar una máscara. Esto puede variar de acuerdo con los materiales utilizados, complejidad del diseño, la habilidad del artista, la temperatura del lugar donde se realice, entre otros.

A continuación, se detalla una lista de pasos posibles para estos fines.

1. Realice una investigación sobre el tipo de máscara a realizar.
2. Haga un boceto, luego diseñe la máscara deseada con sus características particulares.
3. Busque los materiales según su diseño.
4. Puede utilizar una máscara plástica como molde, una cabeza de "foam" o crear un molde casero para su máscara. Utilice un galón plástico o envace plástico vacío.
5. Si utiliza una máscara plástica como molde o una cabeza de "foam", fórrela con papel de aluminio para luego poder aislarla del mismo.
6.Otra manera de hacer una máscara es utilizando el rostro humano. Este se engrasa con vaselina; se forra con pedazos de yeso en rollos, suavizándolo con agua. Unos sorbetos en la nariz para respirar mientras cubren todo el rostro con las bandas de yeso. Luego se retira del rostro.
7. La tridimensionalidad en las máscaras se logra utilizando plasticina, tiras de papel enrollado, bolitas de plasticina o papel y/o combinación de ambos.
8. Lograda la tridimensionalidad deseada, si es que la máscara lo requiere, se vuelve a forrar con papel de aluminio.
9. Corte franjas de papel periódico, papel blanco y papel estraza con las manos.
10. Prepare, en un envase con tapa, una mezcla con pega blanca líquida y un poco de agua. Esta puede ser untada con un pincel o con las manos.
11. Sobre el papel de aluminio, realizando capas, pegue el papel de periódico, luego papel de estraza y finalmente el papel blanco. Utilice bastante pega entre capas. Procure forrar completamente el área de la máscara con cada tipo de papel, sin dejar espacios sin forrar, y que el papel blanco quede al final para que sea fácil ser pintado.
12. Deje secar entre capas. Puede hace hasta dos capas corridas para ponerla a secar.
13. La dureza de la máscara la determina el artista de acuerdo con la funcionalidad de ésta. Una máscara firme y duradera, puede tener hasta 5 capas. La cantidad de pega utilizada, al igual que las capas de pintura, ayudan a estos fines. Una máscara más moldeable y liviana no es necesario tantas capas de pega y papel.
14. Una vez tenga las capas correspondientes a la dureza deseada y esté seca, se retira del molde por el papel de aluminio.
15. Proceda a recortar alrededor de la máscara para hacerle un borde.

16. Marque y recorte los agujeros: ojos, nariz. Se le colocan cuernos, orejas y se pueden fijar con "masking tape". También, se esconden los bordes con este material para volver a forrarlo con papel blanco. Así se logran terminaciones lisas.

17. Se puede agujerar a ambos lados y en el centro de la parte superior para colocar elástico, hilo o tiras de tela, para amarrarla a la cabeza del actor.

18. De ser necesario, aplica textura con yeso, papel higiénico o servilleta, sal, arena, aserrín de madera o cualquier otro material, de ser necesario.

19. Llegó el momento de pintarla según el diseño.

20. Finalmente, se puede forrar con pega blanca líquida, "varnish", fijador de cabello u otro material para un acabado y durabilidad.

FORRE

PEGUE PEDAZOS DE PAPEL

MARQUE ROSTRO Y PINTE

NOMBRE:_____ FECHA: _____

EJECUSIÓN CREATIVA/ JUICIO ESTÉTICO:

ACTIVIDAD: Realice una máscara neutra partiendo del diseño creado.

Bitácora de Trabajo: Documente día a día su proceso.   Valor: 10 puntos

Actividad:	Fecha:
Día 1: Diseñé el boceto	
Día 2:	
Día 3:	
Día 4:	
Día 5:	
Día 6:	
Día 7:	
Día 8:	
Día 9:	
Día 10: Evaluación	

Evaluación bitácora de trabajo: 10 puntos

Logrado: 10 puntos	Incompleto: 5 puntos	No realizó: 0 puntos
__Documenó un desgloce completo de su trabajo día por día.	__Documentó un desgloce incompleto de su trabajo.	__NO documenó un desgloce de su trabajo.

Rúbrica para evaluar construcción de máscara neutra: 70 puntos

CRITERIO	EXCELENTE 10	LOGRADO 7	PUEDE MEJORAR 5	NO HIZO 0
ELEMENTOS REQUERIDOS: -Boceto de la máscara -Colores según características de la máscara neutra	__muestra una máscara con colores de la máscara neutra	__la construcción posee uno de los elementos requeridos: Boceto o colores máscara neutra	__la construcción no posee ninguno de los elementos	_ No realizó la máscara.
CARACTERIZACION (posee características de máscara sin expresión)	__ la máscara siempre posee características sin expresión.	__la máscara regularmente representa característica sin expresión	__ la máscara no representa característica sin expresión	_No realizó la máscara
CONSTRUCCIÓN -dureza en capas de papel	__la construcción evidencia dureza en capas de papel	__la construcción evidencia parcial la dureza en capas de papel	__la construcción no evidencia dureza en capas de papel	__No realizó la máscara
TERMINACIONES (bordes forrados con papel)	__todos los bordes de la máscara están trabajados y lisos	__algunos de los bordes de las máscaras están trabajados y lisos	__los bordes de la máscara no están trabajados ni lisos	_No realizó la máscara
DESTREZA DE PEGAR	__la pega fue utilizada correctamente: cantidad necesaria sin manchas de pega ni arrugas.	__la pega fue utilizada regularmente: casi no hay o pocas manchas de pega o arrugas.	__la pega fue utilizada incorrectamente: cantidad exagerada hay manchas de pega y arrugas.	_No realizó la máscara
DESTREZAS DE COLOREAR	__ el color fue utilizado correctamente: no chorreado ni agrietado	__el color fue utilizado regularmente: no chorreado ni agrietado	__el color utilizado incorrectamente: chorreado y/o agrietado	_No realizó la máscara
DISCIPLINA-PUNTUALIDAD	__la construcción fue entregada el día solicitado.	__la construcción fue entregada de uno día después de lo solicitado.	__la construcción fue entregada después de dos o más días del día solicitado.	_No realizó la máscara
TOTAL:				

NOMBRE: _____   FECHA: _____

JUICIO ESTÉTICO:

ACTIVIDAD: Coloque una o varias fotografías de su máscara terminada. Bono: 5 pts.

Nombre: _____ Fecha: _____

JUICIO ESTÉTICO:

REFLEXIÓN: Conteste utilizando oraciones. Cada pregunta corresponde a un párrafo. Cada párrafo debe tener un mínimo de cinco oraciones. Ofrezca evidencia, datos, haga comparaciones, de acuerdo con la pregunta.   25 puntos

1. ¿Conocía el propósito de la máscara neutra? Explique su respuesta.

2. ¿Cómo puede identificar la máscara neutra? Explique su respuesta.

3. ¿Realizaría una presentación utilizando la máscara neutra? ¿Cuál sería el conflicto?

_____
_____
_____
_____
_____
_____
_____
_____
_____
_____
_____
_____
_____
_____
_____
_____
_____
_____
_____
_____
_____
_____
_____
_____

Nombre: _____ Fecha: _____

JUICIO ESTÉTICO:

RÚBRICA DE REFEXIÓN: VALOR: 25 puntos

CRITERIOS	5 EXCELENTE	3 BUENO	2 SATISFACTORIO	1 DEFICIENTE
FORMATO TIPO PÁRRAFOS	__usa formato de párrafos	__ a veces usa formato de párrafos	__ rara vez usa formato de párrafos	__no usó formato de párrafos o No hizo
CONTENIDO	__ contestó todas las preguntas	__ contestó 2 de las preguntas	___ contestó 1 de las preguntas	__ no contestó las preguntas
DATOS-EVIDENCIA	__provee 3 o más evidencia en sus respuestas	__ provee 2 evidencias en sus respuestas	__provee 1 evidencia en sus respuestas	__No provee evidencia en sus respuestas
ORTOGRAFÍA	__ no tiene errores de puntuación, ni de letras mayúsculas, ni palabras mal escritas, ni error de sintaxis	__ tiene de uno a tres errores de puntuación, de letras mayúsculas, palabras mal escritas, error de sintaxis	__ tiene de cuatro a seis errores de puntuación, de letras mayúsculas, palabras mal escritas, error de sintaxis	__tiene siete o más errores de puntuación, de letras mayúsculas, palabras mal escritas, error de sintaxis
DISCIPLINA-PUNTUALIDAD	__entregó el trabajo antes o el día asignado	__entregó el trabajo el día después del día asignado	__entregó el trabajo dos o tres días después del día asignado	__No entregó el trabajo.
TOTAL				

_____   _____   _____

Firma del estudiante   Firma maestr@   Firma encargado

Observaciones:_____

_____

Educación diferenciada:_____ tutoría de pares ___subgrupos

___otro:_____

E/E: ____tiempo adicional ___ayuda individualizada ___maestra recurso

___ Exento de SIE, razón: _____

TEMA: <u>UTILIZANDO LA MÁSCARA NEUTRA</u>   Fecha: _____

EJECUSIÓN CREATIVA: ACTIVIDAD: <u>Máscara Neutra</u>

a. Haga una lista de 4 lugares y 4 emociones.   Ej. cueva- alegría; playa- susto

Lugares: Emociones:

1._____   1._____

2._____   2. _____

3. _____   3. _____

4. _____   4._____

b. Seleccione un lugar y una emoción: _____- _____

c. Colocará la máscara neutra en el suelo. Saldrá de escena.

d. Entre a escena, camine hacia la máscara, deténgase, obsérvela detenidamente, dóblese para estar cerca de ella, agárrela, obsérvela.

e. En el suelo, gire su cuerpo para dar la espalda a quienes le observan, póngase la máscara, respire y voltéese al público. Entre en personaje.

f. Mientras se levanta, (si es necesario), vaya comportándose de acuerdo con la acción seleccionada y con calma, realice acciones concretas (simples) que ayuden al espectador a determinar donde se encuentra. Puede desplazarse o caminar por el espacio en actitud de emoción- lugar.

g. Una vez logrado, deténgase, llegue l suelo, póngase de espaldas al público, quítese la máscara, levántese y continúe su camino.

*Puede regresar a escena y crear una discusión oral en clase. Por ejemplo: ¿pudo el público entender el lugar y la emoción? ¿Hubo dificultades para comprenderlo?

CONTESTE LAS SIGUIENTES PREGUNTAS UTILIZANDO 3 PALABRAS/SI-NO:

1. Al comenzar el ejercicio me sentía: _____,

_____, _____.

2. Mientras realizaba el ejercicio pensaba en: _____,

_____, _____.

3. Al terminar el ejercicio el público: _____,

_____, _____.

4. Pude realizar el ejercicio como lo tenía programado: ___si ___ no.

5. Si vuelvo a realizar el ejercicio, ¿quedará igual? _____ si _____ no.

6. ¿Utilizar la máscara neutra me ayudó a tener confianza en mí? __si __no.

7. Necesito mejorar algo para que el público entienda mi ejercicio? __ si __no.

Comentario adicional:

_____

_____

TEMA: <u>EXHIBIENDO NUESTRO TRABAJO</u>   Fecha: _____
EJECUSIÓN CREATIVA
ACTIVIDAD: *Monte la exhibición de su máscara neutra.

Una exhibición es mostrar un producto de una forma atractiva para que otros personas puedan apreciarlo. Puede ser de forma estática, en movimiento, de manera digital, mediante dramatización, otro. Su propósito es fomentar que otros alumnos se interesen por el tema de la máscara neutra. Dar a conocer las habilidades y destrezas que se van adquiriendo con el diseño y confección de máscaras. La exposición de los trabajos realizados promueve la participación del estudiantado, esforzarse por hacer un buen trabajo, ayuda en la autoestima y la valoración de su esfuerzo, entre otros.

Existen varias maneras de hacerlo:
a. Seleccionar un espacio, cortar un pedazo de cartón cuadrado, colocar su máscara en él y recostarlo de algo. Puede texturizar o forrar con tela u otro material el cartón.
   -Cada alumno, se coloca al lado de su máscara y habla sobre el proceso de estudio, diseño y creación de la máscara neutra.
b. Puede haber un "collage" de fotografías. Enmarcarlas y/o colocadas en cartulinas en el pasillo o algún boletín. Presentarlas de forma digital utilizando una computadora o monitor.
c. Realizar un video corto de un ejercicio con la máscara neutra, o un video informativo con datos de la misma.
d. Puede hacerse una corta presentación en vivo donde se narren y/o dramaticen escenas, noticias de periódico, poemas. Unos alumnos con máscaras ejecutando mientras otros, sin máscaras narran la acción o diálogos. O bien puede ser un trabajo basado, solamente, con música o la mezcla de varias técnicas.
e. Mostrar una pasarela donde cada alumno modela, de una forma dinámica, su máscara neutra.
f. La máscara neutra, al no tener emoción es propia para tartar temas serios, de reflexión, donde el público puede identificarse con la acción o los personajes.

*Esta actividad puede desarrollarse en parejas, tríos o grupal.
Nota: No todo lo realizado por el alumno necesariamente conlleve evaluación. Hay que promover la caracterización de personajes y el amor hacia el teatro sin la presión de una nota. Aún así, se decide evaluar alguna de estas actividades o la mezcla de varias, o alguna otra, puede hacerse mediante lista de cotejo con criterios como: selección de idea, desarrollo de la idea, trabajo en equipo, grado de satisfacción del público, puntualidad, otro.

JUICIO ESTÉTICO:

TEMA: <u>Repasemos: Crucigrama máscara neutra</u>   Fecha:_____

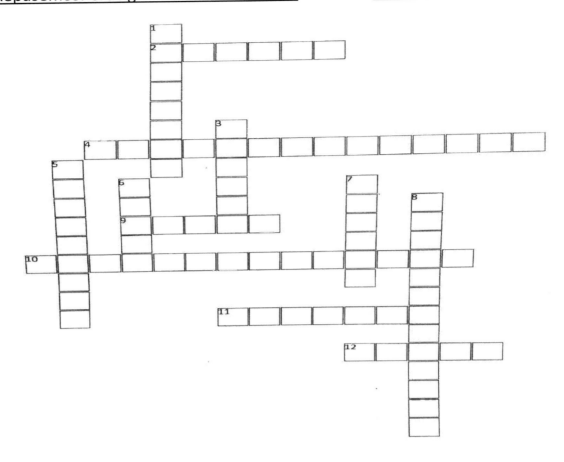

Horizontales:

2. La máscara neutra estimula el momento previo a la:_____

4. Procede del _____, disponibilidad de escuchar y recibir.

10._____frente relajada, ojos abiertos, boca entreabierta.

11. Artificio que cubre el rostro: _____

12. Material del que está realizada la mascara neutra: _____

Verticales:

1.Máscara neutra es la mezcla de la máscara noble y la: _____.

3. Al usar máscara reacciona el_____.

5. Amleto Sartori fue el _____ de la mascara neutral.

7. _____ amplia y relajada.

8. _____considerada máscara de las máscaras.

*cuero, acción, diseñador, frente, japonesa, movimiento, máscara, cuerpo, máscara neutra, característica, descubrimiento

MÁSCRA LARVARIA

Nombre: _____   Fecha: _____

EDUCACIÓN ESTÉTICA:

TEMA: <u>Máscara Larvaria:</u>

¿Cuando escucha el concepto: máscara Larvaria, ¿qué le viene a su mente?

_____

_____

_____

_____

_____

Explique en sus propias palabras la siguiente frase:

"En primer lugar cambiar de rostro es cambiar de cuerpo. Es entrar en un juego más grande que el juego cotidiano. Es también hacer trascendente la expresión al filtrarla de sus anécdotas" (Lecoq, 1985).

_____

_____

_____

_____

_____

_____

_____

_____

_____

_____

_____

_____

_____

TEMA: <u>Estudio de la máscara Larvaria</u>   Fecha: _____

CONTEXTO HISTÓRICO, SOCIAL Y CULTURAL:

Este tipo de máscara originaria de Basilea, en Suiza, son utilizadas en su carnaval conocido como el "Basler Fasnacht". Su nombre proviene de sus formas redondeadas o punzantes, parecen ser humanas, pero a su vez son indefinidas, simples, sin acabar, sin pintar. Muestran un estado transitorio hacia otro lugar sin fin. El actor es el responsable de completar la historia.

Es introducida en la pedagogía teatral por Jacques Lecoq, (1921-1999). Quien llega al teatro a través de sus estudios en educación física y deporte. Esto le aviva un interés por investigar sobre la "geometría del movimiento corporal", donde más adelante concibe una pedagogía de creación teatral "del cuerpo poético". Durante su vida tendrá encuentros con maestros teatrales: Jean Dasté, Giorgio Strehler, Dario Fo y Amleto Sartori, entre otros, quienes lo dirigen en su acercamiento al teatro e influirán en su trabajo corporal a través del desarrollo del conocimiento de las máscaras.

La mascara Larvaria, al cubrir la cara, obliga a conectar directamente con las emociones del actor empujándolo a una interpretación no verbal. La importancia reside en el cuerpo, los gestos y las emociones: herramienta que invita a adentrarse en un "lenguaje poético", fuera de lo común. Pedagógicamente se convierten en la excusa perfecta para que el actor explore el terreno de los sentimientos. Mediante el jugo, creando personajes de la vida misma, es que se le da vida a estas máscaras.

Por la naturaleza de las facciones de esta máscara, puede ser construída partiendo de un envase de plástico vacío.

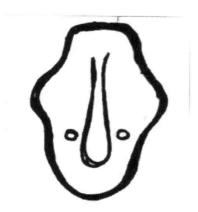

Nombre: _____ Fecha: _____

CONTEXTO HISTÓRICO, SOCIAL Y CULTURAL:

ACTIVIDAD: Busque información adicional sobre la máscara Larvaria y escríbala aquí.

Nombre: _____   Fecha: _____

EJECUSIÓN CREATIVA:

TEMA: <u>Máscara Larvaria</u>   valor: 20 puntos

ACTIVIDAD: Dibuje una propuesta de la máscara Larvaria. Utilice la plantilla de rostro para hacer su boceto y diseño. Colóquela debajo de esta página como guía o dibújela a mano libre. Recuerde mantener la proporción.

61

Nombre: _____ Fecha: _____

JUICIO ESTÉTICO:

RÚBRICA PARA EVALUAR DISEÑO DE MÁSCARA LARVARIA: valor: 20 puntos

CRITERIO	4 Excelente	3 Bueno	2 Regular	0 NO hizo
BOCETO-USO DE PLANTILLA: (proporción)	_siempre usa plantilla para dibujar o tiene peoporción.	_usa incorrecta la plantilla para dibujar (NO proporción).	_NO usa plantilla para dibujar (NO proporción).	_NO hizo el boceto.
RELEVANCIA DEL DISEÑO CARACTERÍSTICAS MÁSCARA LARVARIANA	_tiene todas las características de la máscara larvariana estudiadas.	_tiene varias de las características de la máscara larvariana estudiada.	_ NO tiene ninguna característica de la mascara larvariana estudiada.	_NO hizo el diseño de la máscara larvariana.
LIMPIEZA (borrones-arrugado el papel)	_el diseño está libre de borrones y arrugas.	_el diseño tiene pocos borrones o arrugas.	_el diseño tiene varios borrones o arrugas.	_NO hizo el diseño de la máscara larvariana.
COLOR (de acuerdo a la máscara larvariana)	_El color es el adecuado y está coloreado con trazo de un mismo lado.	_El color es el adecuado y está coloreado con trazos hacia varios lados.	_El color No es adecuado y está coloreado con trazos hacia varios lados.	_NO la coloreó/ NO hizo el diseño de la máscara larvariana.
DISCIPLINA/ PUNTUALIDAD	__entregó antes o el día asignado.	_entregó un día después del día asignado.	_entregó dos a tres días después del asignado.	_No entregó.
Total				

_____   _____   _____

Firma estudiante   Firma maestr@   Firma del encargado

Observaciones: _____

Educación diferenciada:____ tutoría de pares ___subgrupos

___otro:_____

E/E: ____tiempo adicional ___ayuda individualizada ___maestra recurso

__otro:_____

_____ SIE, exento, razón: _____

_____

EJECUSIÓN CREATIVA
TEMA: Proceso para realizar una máscara larvariana   Fecha: _____

Existen varios métodos para realizar una máscara. Esto puede variar de acuerdo con los materiales disponibles, complejidad del diseño, la habilidad del artista, la temperatura del lugar donde se realice, entre otros.

A continuación, se detalla una lista de pasos posibles para estos fines.

1. Realice una investigación sobre el tipo de máscara a realizar: larvariana.
2. Haga un boceto con sus características particulares.
3. Busque los materiales según su diseño.
4. Este tipo de máscara, al no tener una proporción de rostro definida, puede hacerse utilizando un galón plástico de agua vacío, o bien algún envase plástico vacío de detergente u otro producto. La agarradera o mango del galón o envase plástico puede dar la forma de una nariz.
5. Decida los demás componentes del rostro: cantidad de ojos, si serán abiertos, sobresalidos o cóncavos. Puede forrar con tiras de papel con pega el plástico para cubrir el espacio hueco del mango del envase y para que la pintura fije mejor. Esta parte será la nariz. Luego póngala a secar.
6. Proceda a colorearla. Si el color del plástico utilizado es muy oscuro, puede agregarle una capa de papel con pega por encima de éste para cuando seque, poder colorearla. Su color es gris o blanca.
7. Otra manera de hacer esta máscara es utilizar el cabezote de "foam" y colocarle plasticina sobre el área del rostro para formar sus partes grandes, deformes y a voluntad según el diseño realizado. Luego forrarlo con papel de aluminio (para aislarlo de la plasticina) y colocar tiras de papel cortadas a mano y fijarlas con pega o engrudo. Al secar, se colorea neutro: blanco, gris claro.

TEMA: Manejo de la máscara larvania

La máscara larvania puede colocarse en el rostro o bien puede ser guiada agarrándola con una mano. Incluso, un actor puede colocarse una máscara y manejar una en cada mano, creando la sensación de multitud. También puede sentarse en el suelo y manejar una en cada pie, de acuerdo a su habilidad histriónica. Esta máscara, a diferencia de la griega que se utiliza frontal, considera los cuartos, perfiles, arriba y abajo; incluyendo crear formas circulares con la cabeza. Permite un sin fin de posibilidades de movimientos.

NOMBRE:_____   FECHA: _____

EJECUSIÓN CREATIVA/ JUICIO ESTÉTICO:

ACTIVIDAD: Realice una máscara larvaria partiendo del diseño creado.

Bitácora de Trabajo: Documente día a día su proceso.   Valor: 10 puntos

Actividad:	Fecha:
Día 1: Diseñé el boceto	
Día 2:	
Día 3:	
Día 4:	
Día 5:	
Día 6:	
Día 7:	
Día 8:	
Día 9:	
Día 10: Evaluación	

Evaluación bitácora de trabajo: 10 puntos

Logrado: 10 puntos	Incompleto: 5 puntos	No consideró: 1 punto
__Documenó un desgloce completo de su trabajo día por día.	__Documenó un desgloce completo de su trabajo día por día.	__Documenó un desgloce completo de su trabajo día por día.

Rúbrica para evaluar construcción de máscara larvaria: 70 puntos

CRITERIO	EXCELENTE 10	LOGRADO 7	PUEDE MEJORAR 5	NO HIZO 0
ELEMENTOS REQUERIDOS: -Boceto de la máscara -Colores según características de la máscara larvaria	__muestra una máscara con colores de la máscara larvaria	__la construcción posee uno de los elementos requeridos: Boceto o colores máscara larvaria	__la construcción no posee ninguno de los elementos	_ No realizó la máscara.
CARACTERIZACION (posee características de máscara sin expresión)	__ la máscara siempre posee características sin expresión.	__la máscara regularmente representa característica sin expresión	__ la máscara no representa característica sin expresión	_No realizó la máscara
CONSTRUCCIÓN -dureza en capas de papel/ Envase pástico	__la construción evidencia dureza en capas de papel/uso envase plástico	__la construcción evidencia parcial la dureza en capas de papel	__la construcción no evidencia dureza en capas de papel	__No realizó la máscara
TERMINACIONES (bordes forrados con papel)/cerrar nariz en envase plástico	__todos los bordes de la máscara están trabajados y lisos/ nariz trabajada	___algunos de los bordes de las máscaras están trabajados y lisos/ nariz trabajada	__los bordes de la máscara no están trabajados ni lisos/ nariz no trabajada	_No realizó la máscara
DESTREZA DE PEGAR	__la pega fue utilizada correctamente: cantidad necesaria sin manchas de pega ni arrugas.	__la pega fue utilizada regularmente: casi no hay o pocas manchas de pega o arrugas.	__la pega fue utilizada incorrectamente: cantidad exagerada hay manchas de pega y arrugas.	_No realizó la máscara
DESTREZAS DE COLOREAR	__ el color fue utilizado correctamente: no chorreado ni agrietado	__el color fue utilizado regularmente: no chorreado ni agrietado	__el color utilizado incorrectamente: chorreado y/o agrietado	_No realizó la máscara
DISCIPLINA-PUNTUALIDAD	__la construcción fue entregada el día solicitado.	__la construcción fue entregada de uno día después de lo solicitado.	__la construcción fue entregada después de dos o más días del día solicitado.	_No realizó la máscara
TOTAL:				

Comentarios:

_____

NOMBRE: _____   FECHA: _____

JUICIO ESTÉTICO:

ACTIVIDAD: Coloque una o varias fotografías de su máscara terminada. Bono: 5 pts.

Nombre: _____ Fecha: _____

JUICIO ESTÉTICO:

REFLEXIÓN: Conteste utilizando oraciones. Cada pregunta corresponde a un párrafo. Cada párrafo debe tener un mínimo de cinco oraciones. Ofrezca evidencia, datos, haga comparaciones, de acuerdo con la pregunta.   25 puntos

1. ¿Conocía de la existencia de la máscara larvaria? Explique su respuesta.

2. ¿Cómo puede identificar la máscara larvaria? Explique su respuesta.

3. ¿Realizaría una propuesta utilizando la máscara larvaria? ¿Cuál sería el conflicto?

_____
_____
_____
_____
_____
_____
_____
_____
_____
_____
_____
_____
_____
_____
_____
_____
_____
_____
_____
_____
_____
_____
_____
_____
_____
_____

Nombre: _____ Fecha: _____

JUICIO ESTÉTICO:

RÚBRICA DE REFEXIÓN: VALOR: 25 puntos

CRITERIOS	5 EXCELENTE	3 BUENO	2 SATISFACTORIO	1 DEFICIENTE
FORMATO TIPO PÁRRAFOS	__usa formato de párrafos	__ a veces usa formato de párrafos	__ rara vez usa formato de párrafos	__No hizo
CONTENIDO	__ contestó todas las preguntas	__ contestó 2 de las preguntas	___ contestó 1 de las preguntas	__ no contestó las preguntas
DATOS-EVIDENCIA	__provee 3 o más evidencia en sus respuestas	__ provee 2 evidencias en sus respuestas	__provee 1 evidencia en sus respuestas	__No provee evidencia en sus respuestas
ORTOGRAFÍA	__ no tiene errores de puntuación, ni de letras mayúsculas, ni palabras mal escritas, ni error de sintaxis	__ tiene de uno a tres errores de puntuación, de letras mayúsculas, palabras mal escritas, error de sintaxis	__ tiene de cuatro o más errores de puntuación, de letras mayúsculas, palabras mal escritas, error de sintaxis	__No realizó
DISCIPLINA-PUNTUALIDAD	__entregó el trabajo antes o el día asignado	__entregó el trabajo el día después del día asignado	__entregó el trabajo dos o tres días después del día asignado	__Noentregó.
TOTAL				

_____   _____   _____

Firma del estudiante   Firma maestr@   Firma encargado

Observaciones:_____

_____

Educación diferenciada:_____ tutoría de pares ___subgrupos
___otro:_____

E/E: ____tiempo adicional ___ayuda individualizada ___maestra recurso
___ Exento de SIE, razón: _____

Nombre: _____ Fecha: _____

TEMA: <u>UTILIZANDO LA MÁSCARA LARVARIA</u>

EJECUSIÓN CREATIVA

ACTIVIDAD: <u>Máscara Larvaria</u>

Puede utilizar el conflicto escrito por usted o la sugerencia de un problema social:

---

*Un problema social son dificultades diversas que las sociedades padecen
y que afectan a unos sectores de la población más que a otros.
Ejemplos: discrimen, drogadicción, pobreza, corrupción, hambre.

---

a. Seleccione el problema social o conflicto: _____

b. Nombre personajes y su rol: (Ejemplo: Pedro, vagabundo)

    1. _____

    2. _____

    3. _____

    4. _____

    5. _____

c. Ubique la acción en un lugar: _____

d. Escriba el inicio (conocemos los personajes), desarrollo (se genera el conflicto y/o se presenta el problema social), cierre (solución del conflicto o problema social):

Inicio:_____

_____

_____

_____

_____

_____

_____

_____

_____

_____

_____

_____

_____

_____

_____

_____

Desarrollo:_____

_____

_____

_____

_____
_____
_____
_____
_____
_____
_____
_____
_____
_____
_____
_____
_____
_____
_____

Cierre:_____
_____
_____
_____
_____
_____
_____
_____
_____
_____
_____

e. Añada efectos técnicos (opcional: sonido, luces, utilería, fondo):_____
_____
_____

f. Vestuario:
_____

g. Ensayos: (días, hora, lugar)_____
_____

h. Otro:
_____
_____

Nombre: _____   Fecha: _____

JUICIO ESTÉTICO:

TEMA: <u>Máscara Larvaria en función</u>

ACTIVIDAD: Recree la escena del conflicto o problema social creado. Recuerde que es un curso de máscaras, ella es la protagonist. Esta puede desarrollarse en un orden de sucesos en silencio y/o con sonidos, (crear dramatismo), música o mediante la narración y el diálogo utilizando un personaje sin máscaras.   (Valor: 60 pts.)

CRITERIOS	10 EXCELENTE	7 BUENO	4 SATISFACTORIO	0 DEFICIENTE
FLUIDEZ Y TEMPO DE LA ESCENA	__siempre mantuvo fluidez y tempo	__a veces mantuvo fluidez y tempo	__casi no mantuvo fluidez y tempo	__ NO presentó
CARACTERIZACIÓN DE LA MÁSCARA	__siempre mantuvo la máscara con movimientos justificados	__la mayor parte del tiempo mantuvo la máscara con movs. justificados	__ casi no mantuvo la máscara con movimientos justificados o mantuvo oculta	__ NO presentó
DOMINIO ESCÉNICO	__siempre demostró seguridad	__a veces demuestra seguridad	__NO demostró seguridad	__NO presentó
HABILIDAD PARA RELACIONARSE CON LOS OTROS ACTORES	__siempre demostró relación con los otros actores en la escena	__a veces demostró relación con los otros actores en la escena	__casi nunca demostró relación con los otros actores en la escena	__ NO participó.
HABILIDAD PARA CAUTIVAR AL PÚBLICO	__siempre cautiva al público	__a veces cautiva al público	__casi nunca cautivó al público	__NO presentó
MANEJO DE LA MÁSCARA	__siempre mantuvo su máscara puesta	__se toca la máscara en escena sin justificación	__se le soltó y/o cayó la máscara en escena	__NO usó o mantuvo su máscara puesta/ __ NO presentó
TOTAL				

_____   _____   _____

Firma estudiante   Firma maestr@   Firma del encargado

Observaciones: _____
_____

Educación diferenciada:_____ tutoría de pares ___subgrupos
___otro:_____
E/E: ____tiempo adicional ___ayuda individualizada ___maestra recurso

__otro:_____
_____ SIE, exento, razón: _____

MÁSCARA GRIEGA

EDUCACIÓN ESTÉTICA:

TEMA: <u>Máscara griega</u>   Fecha: _____

ACTIVIDAD: Conteste las siguientes preguntas utilizando su conocimiento previo.

1. ¿Conoce el significado de la máscara griega?

2. ¿Existe un solo tipo de máscara griega?

3. ¿Cuáles son las características físicas de las máscaras griegas?

4. ¿De qué material cree que se construyeron las máscaras griegas?

5. ¿Cuáles colores crees que se utilizaban para pintar las máscaras griegas?

6. Dibuje a mano libre cómo cree que es una máscara griega.

CONTEXTO HISTÓRICO, SOCIAL Y CULTURAL:

TEMA: <u>Máscara griega</u>   Fecha: _____

Los griegos utilizaron variados materiales para exagerar sus facciones y poder ser vistos desde la distancia. Sus máscaras significaban alegría, tristeza, lo bueno, lo malo, femenino, masculino y relaciones de jerarquía entre los personajes que caracterizaban. Las máscaras de tragedia eran sobrias y lisas mientras que las de comedia eras toscas y gestos deformes. Además, trabajaban el drama satírico con máscaras de fantasía sin limitar la imaginación utilizando facciones zoomórficas (forma de animales).

Los actores multiplicaban sus voces, mediante un cilindro interior llamado megáfono. Un mismo actor ejecutaba a varios personajes, por lo que la transfiguración se logra con el intercambio de máscaras.

Thalía es la musa de la comedia. Puede verse en imágenes agarrando una máscara cómica, un cayado de pastor, y en la cabeza con una corona de hiedra (símbolo de la inmortalidad). Melpómene, inspira la tragedia. Puede verse en imágenes agarrando una máscara trágica, empuña un cetro o una corona, un puñal ensangrentado. Coronada con una diadema y calzada de coturnos.

En el último periodo griego, había más personajes que actores cuando normalmente la escena estaba interpretada por tres actores y un coro. La máscara femenina es usada para interpretar mujeres ya que solo actuaban los hombres. Las bocas muy abiertas hacen suponer que habrían permitido el uso de megáfono, arrugas, el pelo era incluido del mismo material de la máscara.

---

*Busque información de l máscara griega y escríbala aquí.
  Ejemplo: colores, materiales de confección, otro.

Nombre: _____   Fecha: _____

CONTEXTO HISTÓRICO, SOCIAL Y CULTURAL:

ACTIVIDAD: Busque y circule las palabras en el palabragramas.

MÁSCARA GRIEGA

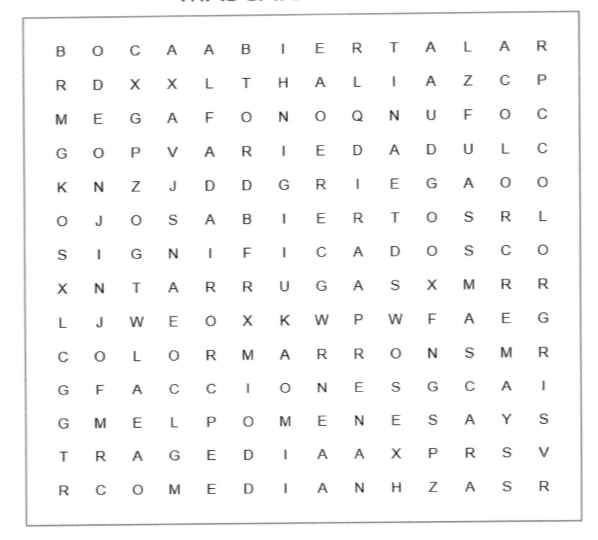

```
B  O  C  A  A  B  I  E  R  T  A  L  A  R
R  D  X  X  L  T  H  A  L  I  A  Z  C  P
M  E  G  A  F  O  N  O  Q  N  U  F  O  C
G  O  P  V  A  R  I  E  D  A  D  U  L  C
K  N  Z  J  D  D  G  R  I  E  G  A  O  O
O  J  O  S  A  B  I  E  R  T  O  S  R  L
S  I  G  N  I  F  I  C  A  D  O  S  C  O
X  N  T  A  R  R  U  G  A  S  X  M  R  R
L  J  W  E  O  X  K  W  P  W  F  A  E  G
C  O  L  O  R  M  A  R  R  O  N  S  M  R
G  F  A  C  C  I  O  N  E  S  G  C  A  I
G  M  E  L  P  O  M  E  N  E  S  A  Y  S
T  R  A  G  E  D  I  A  A  X  P  R  S  V
R  C  O  M  E  D  I  A  N  H  Z  A  S  R
```

ARRUGAS	BOCAABIERTA
COLORCREMA	COLORGRIS
COLORMARRON	COMEDIA
FACCIONES	GRIEGA
MASCARA	MEGAFONO
MELPOMENES	OJOSABIERTOS
SIGNIFICADOS	THALIA
TRAGEDIA	VARIEDAD

Nombre: _____   Fecha: _____

ACTIVIDAD: Dibuje una propuesta de la máscara griega. Utilice la plantilla de rostro para hacer su boceto y diseño o dibújela a mano libre como estudiado. Recuerde la proporción.

Nombre: _____ Fecha: _____

JUICIO ESTÉTICO:

Rúbrica para evaluar Diseño de Máscara Griega: valor: 20 puntos

CRITERIO	4 Excelente	3 Bueno	2 Regular	0 NO HIZO
BOCETO-USO DE PLANTILLA O MANO LIBRE: (proporción)	_siempre usa plantilla para dibujar/mano libre y mantiene proporción.	_usa incorrecta la plantilla o mano libre con poca proporción.	_NO usa plantilla para dibujary NO mantiene proporción.	_NO hizo boceto
RELEVANCIA DEL DISEÑO (boca abierta, hueco en ojos, arrugas, color, pelo incluido)	_tiene todas las características de la máscara griega.	_tiene 4 ó 3 de las características de la máscara griega.	_ tiene de 2 a ninguna de las características de la máscara griega.	_NO hizo boceto
LIMPIEZA (borrones y arrugas)	_el diseño está libre de borrones y arrugas.	_el diseño tiene pocos borrones o arrugas.	_el diseño está manchado por borrones o arrugas.	_NO hizo boceto
COLOR (de acuerdo con la máscara griega)	_El color es el adecuado y está coloreado con trazos del mismo lado.	_El color es el adecuado y está coloreado con trazos de varios lado.	_El color No es adecuado y está coloreado con trazos de varios lados.	_NO hizo boceto
DISCIPLINA/ PUNTUALIDAD	__entregó antes o el día asignado.	_entregó un día después del día asignado.	_entregó dos a tres días después del asignado.	_NO entregó
TOTAL				

_____   _____   _____
Firma estudiante   Firma maestr@   Firma del encargado

Observaciones: _____

Educación diferenciada:_____ tutoría de pares ___subgrupos
___otro:_____
E/E: _____tiempo adicional ___ayuda individualizada ___maestra recurso
__otro:_____
_____ SIE, exento, razón: _____

MÁSCARAS-IVELISSE GÓMEZ-GUZMÁN

NOMBRE:_____   FECHA:_____

EJECUSIÓN CREATIVA/ JUICIO ESTÉTICO:

ACTIVIDAD: Realice una máscara griega partiendo del diseño creado.

Bitácora de Trabajo: Documente día a día su proceso. Valor: 10 puntos

Actividad:	Fecha:
Día 1: Diseñé el boceto	
Día 2:	
Día 3:	
Día 4:	
Día 5:	
Día 6:	
Día 7:	
Día 8:	
Día 9:	
Día 10: Evaluación	

Evaluación bitácora de trabajo: 10 puntos

Logrado: 10 puntos	Incompleto: 5 puntos	No consideró: 1 punto
__Documentó un desgloce completo de su trabajo día por día.	__Documentó un desgloce incompleto de su trabajo.	__NO documentó su trabajo.

Rúbrica para evaluar construcción de máscara griega: 70 puntos

CRITERIO	EXCELENTE 10	BUENO 7	PUEDE MEJORAR 4	NO HIZO 0
ELEMENTOS REQUERIDOS -boceto y máscara	__ evidenció boceto y máscara		__evidenció uno: boceto o máscara	_NO entregó
CARACTERIZACIÓN (posee características: arrugas, pelo, boca abierta y ahuecada, ojos abiertos)	__ la máscara siempre posee todas las características de máscara griega.	__la máscara posee la mitad d las características de máscara griega.	__ la máscara posee una o ninguna de las características de la máscara griega.	_NO hizo la máscara
SEGUIR INSTRUCCIONES (proporción y dureza en capas)	__la máscara evidencia proporción y dureza en capas	__la máscara evidencia proporción y dureza parcial en capas	__la máscara no evidencia proporción ni dureza en capas	_NO hizo la máscara
TERMINACIONES (bordes forrados con papel: en aberturas y alrededor)	__todos los bordes de la máscara están trabajados y lisos	___algunos de los bordes de las máscaras están trabajados y lisos	__los bordes de la máscara no están trabajados ni lisos	_NO hizo la máscara
DESTREZA DE PEGAR (cantidad correcta, sin manchas de pega ni arrugas)	__la pega fue utilizada correctamente: cantidad necesaria sin manchas de pega ni arrugas.	__la pega fue utilizada regularmente: casi no hay o pocas manchas de pega o arrugas.	__la pega fue utilizada incorrectamente: hay manchas de pega y arrugas.	_NO hizo la máscara
DESTREZAS DE COLOREAR	__ utilizado correctamente: no chorreado ni agrietado	__utilizado regularmente: algo chorreado y/o agrietado	__utilizado incorrectamente: chorreado y/o agrietado	_NO hizo La máscara
DISCIPLINA- PUNTUALIDAD	__la máscara fue entregada el día solicitado.	__la máscara fue entregada de uno a tres días después.	__la máscara fue entregada después de cuatro días.	_NO la entregó
TOTAL:				

NOMBRE: _____   FECHA: _____

JUICIO ESTÉTICO:

ACTIVIDAD: Coloque una o varias fotografías de su máscara terminada. Bono: 5 pts.

NOMBRE: _____ FECHA: _____

EDUCACIÓN ESTÉTICA:

Tema: Consideraciones al utilizar una máscara griega

1. La máscara se utiliza despegada del rostro añadiendo "foam". Agujere los extremos para fijarla a su rostro con hilo o elástico.

2. Procure ver y respirar correctamente con su uso.

3. Puede añadirle un cilindro en el área de la boca para aumentar la voz del actor.

4. La actuación de esta máscara es completamente frontal. El torso de su cuerpo es lo que gira en cuartos o perfiles, mientras el rostro con la máscara se queda fijo mirando hacia el frente en todo momento.

5. Al desplazarse hacia la izquierda o derecha, el rostro permanece mirando hacia el frente.

6. El personaje no realiza muchos movimientos, solo los necesarios para su caracterización.

7. Si tiene que recoger algo del suelo, su cuerpo se agacha, pero su rostro se queda mirando fijo hacia el frente.

8. El rostro con la máscara puede inclinarse levemente hacia el frente para transmitir tristeza o derrota, acompañado con la caída de los hombros y espalda.

9. El teatro griego se compone de un máximo de 3 actores y un coro. (Favor estudiar los dramaturgos griegos). Los actores cambian de personaje mediante el uso de máscaras que representan una emoción, y/o cambio de personaje. Por ejemplo: de femenino a masculino, de un animal a un humano, un personaje alegre a uno triste. A veces, sujetaban las máscaras para facilitar su cambio (caracterización) o las colocaban en el piso. Por eso no realizan tanto desplazamiento en el escenario.

10. A divertirse!!

*Permitiendo la participación de un mayor número de alumnos en las escenas, cumpliendo con los objetivos del Teatro Escolar, se permite que cada uno represente un solo personaje. Al igual que las féminas actúen.

**Pueden grabarse individualmente y luego juntar las partes en edición (virtualidad).

CONTEXTO HISTÓRICO, SOCIAL Y CULTURAL:

TEMA: <u>Máscara griega: la mitología y las máscaras</u>　　Fecha: _____

ACTIVIDAD: Seleccione una de las mitologías propuestas o investigue y seleccione otra. En subgrupos, escriba una escena simple partiendo de la mitología: inicio (conocemos los personajes), desarrollo (punto culminante: conflicto) y cierre (desenlace). Enumere los personajes y su tipo de máscara.

1.Medusa: que en griego antiguo significa *guardiana* o *protectora*, era un monstruo *ctónico* femenino, con la capacidad de convertir en piedra a aquellos que se atreviesen a mirarla fijamente a los ojos. Medusa fue decapitada por *Perseo*, quien posteriormente utilizó su cabeza como un arma, hasta que la entregó a la *diosa Atenea* para que la pusiese como un elemento más en su escudo, la *égida*.

2.La leyenda de Pegaso: se conoce como los hermosos caballos alados que podían volar por los cielos y permanecer en la tierra. Era el caballo predilecto de Zeus. Se dice de su origen que fue creado a partir de la sangre derramada en el océano, proveniente de la cabeza cercenada de Medusa por Perseo. Es representado de color blanco o negro y poseen dos alas grandes que le permiten volar y cuando está en los aires mueve sus patas como si en realidad galopara por la tierra.

3.El canto de las sirenas: podían embelesar y enloquecer a cualquier hombre que navegara por el mar, con el único propósito de cazarlo y llevarlo a las profundidades del mar para asesinarlo. Deméter castigó a las ninfas convirtiéndolas en sirenas por no haberla protegido. Eran representadas con cabeza y rostro de mujer, pero cuerpos de aves o con el torso de una mujer y una cola de pez.

4.Mito de Aracne: Una joven, hija de un tintorero cuya habilidad para tejer y bordar había sido un regalo de la diosa Atenea, en lugar de agradecer este cumplido, se burlaba y se jactaba de que su talento era único y propio. Enojada por la ofensa hacia ella, la diosa Atenea se disfraza de mortal desafiándola en un concurso de tejido y bordado, que perdió, destruyendo la tela de Arcane avergonzándola frente a todos. Esto la llevó al suicidio para que perdonasen su ofensa. Atenea, se apiadó de su alma, la convirtió en una araña y su hilo en telaraña para que enseñase al mundo su perfección a la hora de tejer.

5.Ícaro cayendo del cielo: hijo de Dédalo, el creador del laberinto del rey Minos y en el cual mantenía cautivo al Minotauro. Para que nadie conociese la ubicación, el rey decidió encerrar de por vida a Dédalo y a su hijo en lo alto de una de sus torres. Decidido a escapar por aire, pues el rey controlaba tierra y mar. Trabajó en dos pares de alas tejidas de las plumas de las aves, pero no podían volar tan cerca al sol porque derretiría la cera que mantenía unida las plumas. Icaro no hizo caso, maravillado por el paisaje, el brillo y el calor del sol, se acercó más a este para lograr tocarlo provocando que la cera se derritiera y él cayera al vacío hacia su muerte.

_6._____

_____

_____

_____

_____

_____

_____

Grupo #_____   Nombre del mito:_____

EJECUSIÓN CREATIVA:

TEMA: <u>Máscara griega: la mitología y las máscaras</u> (texto)

Personaje: Nombre del alumno: Tipo de máscara:

_____ : _____ - _____

_____ : _____ - _____

_____ : _____ - _____

_____ : _____ - _____

_____ : _____ - _____

_____ : _____ - _____

Escena: Describa las acciones en orden de suceso.

Inicio:_____

_____

_____

_____

_____

_____

_____

_____

_____

Conflicto:_____

_____

_____

_____

_____

_____

_____

_____

_____

_____

_____

Desenlace:_____

_____

_____

_____

_____

_____

_____

_____

_____

Narración y/o diálogo: (opcional)

_____
_____
_____
_____
_____
_____
_____
_____
_____
_____
_____
_____
_____
_____
_____
_____
_____
_____
_____
_____
_____
_____
_____
_____
_____
_____
_____
_____
_____
_____
_____
_____
_____
_____
_____

Nombre_____ Fecha: _____

EJECUSIÓN CREATIVA:

TEMA: Máscara griega en función

ACTIVIDAD: Recree la escena del mito seleccionado. Recuerde que es un curso de máscaras, ella es la protagonista. Manténgala frontal y maneje su cuerpo. El mito puede desarrollarse en un orden de sucesos en silencio y/o con sonidos o mediante la narración y el diálogo. Puede acompañar la máscara con telas o túnicas. Utilice elementos técnicos: fondo o escenografía, iluminación, sonido, música, utilería, láminas, proyección, otro.

(Valor: 70 pts.)

CRITERIOS	10 EXCELENTE	7 BUENO	4 SATISFACTORIO	1 DEFICIENTE
FLUIDEZ Y TEMPO DE LA ESCENA	__siempre mantuvo fluidez y tempo	__a veces mantuvo fluidez y tempo	__NO mantuvo fluidez y tempo	__NO presentó
CARACTERIZACIÓN DE LA MÁSCARA	__siempre mantuvo la máscara frontal	__a veces mantuvo la máscara frontal	__ NO mantuvo la máscara frontal	__NO presentó
DOMINIO ESCÉNICO	__siempre demostró seguridad	__a veces demuestró seguridad	__NO demostró seguridad	__NO lo hizo
HABILIDAD PARA RELACIONARSE CON LOS OTROS ACTORES	__siempre demostró relación con los otros actores en la escena	__a veces demostró relación con los otros actores en la escena	__NO demostró relación con los otros actores en la escena	__NO participó
HABILIDAD PARA CAUTIVAR AL PÚBLICO	__siempre cautivó al público	__a veces cautivó al público	__NO cautivó al público	__NO presentó
MANEJO DE LA MÁSCARA	__siempre mantuvo su máscara puesta y actuó con naturalidad	__se toca la máscara en escena sin justificación	_se le soltó y/o cayó la máscara en escena	__NO usó o mantuvo su máscara puesta
USO DE ELEMENTOS TÉCNICOS	_utilizó uno o más elementos técnicos (vestuario, sonido, iluminación, utilería, otro)		_NO utilizó ningún element técnico.	_NO presentó
TOTAL				

_____   _____   _____

Firma estudiante   Firma maestr@   Firma del encargado

Observaciones: _____

Educación diferenciada: _____ tutoría de pares ___subgrupos
___otro: _____

E/E: _____tiempo adicional ___ayuda individualizada ___maestra recurso

__otro:_____
_____ SIE, exento, razón: _____

Nombre: _____ Fecha: _____

JUICIO ESTÉTICO:

REFLEXIÓN: Conteste utilizando oraciones. Cada pregunta corresponde a un párrafo. Cada párrafo debe tener un mínimo de cinco oraciones. Ofrezca evidencia, datos, haga comparaciones, de acuerdo con la pregunta.   25 puntos

1. ¿Conocía el propósito de la máscara de griega? Explique su respuesta.

2. ¿Cómo puede identificar la máscara griega? Explique su respuesta.

3. ¿Cuál máscara le ha gustado más, la neutral, larvaria o la griega?

_____
_____
_____
_____
_____
_____
_____
_____
_____
_____
_____
_____
_____
_____
_____
_____
_____
_____
_____
_____
_____
_____
_____
_____
_____

Nombre: _____ Fecha: _____

JUICIO ESTÉTICO:

RÚBRICA DE REFEXIÓN: VALOR: 25 puntos

CRITERIOS	5 EXCELENTE	3 BUENO	2 SATISFACTORIO	1 DEFICIENTE
FORMATO TIPO PÁRRAFOS	__usa formato de párrafos	__ a veces usa formato de párrafos	__ rara vez usa formato de párrafos	__no usó formato de párrafos o No hizo
CONTENIDO	__ contestó todas las preguntas	__ contestó 2 de las preguntas	____ contestó 1 de las preguntas	__ no contestó las preguntas
DATOS-EVIDENCIA	__provee 3 o más evidencia en sus respuestas	__ provee 2 evidencias en sus respuestas	__provee 1 evidencia en sus respuestas	__No provee evidencia en sus respuestas
ORTOGRAFÍA	__ no tiene errores de puntuación, ni de letras mayúsculas, ni palabras mal escritas, ni error de sintaxis	__ tiene de uno a tres errores de puntuación, de letras mayúsculas, palabras mal escritas, error de sintaxis	__ tiene de cuatro a seis errores de puntuación, de letras mayúsculas, palabras mal escritas, error de sintaxis	__tiene siete o más errores de puntuación, de letras mayúsculas, palabras mal escritas, error de sintaxis
DISCIPLINA-PUNTUALIDAD	__entregó el trabajo antes o el día asignado	__entregó el trabajo el día después del día asignado	__entregó el trabajo dos o tres días después del día asignado	__entregó el trabajo cuatro o más días después del día asignado.
TOTAL				

_____ _____ _____

Firma del estudiante   Firma maestr@   Firma encargado

Observaciones:_____
_____

Educación diferenciada:_____ tutoría de pares ___subgrupos

___otro:_____

E/E: ____tiempo adicional ___ayuda individualizada ___maestra recurso

___ Exento de SIE, razón: _____

MÁSCARA JAPONESA

91

Nombre: _____   Fecha: _____

EDUCACIÓN ESTÉTICA:

TEMA: Máscara Japonesa

Cuando escucha el concepto: máscara Japonesa, ¿qué le viene a su mente?

_____

_____

_____

_____

_____

Ha visto alguna vez alguna máscara japonesa?

_____

_____

_____

ACTIVIDAD: Conteste cierto o falso.

_____ 1. El Noh significa "talento o habilidad".

_____ 2. El Teatro Noh cuenta con música, danza y drama como elementos.

_____ 3. Este Teatro narra historias utilizando el cuerpo y las máscaras.

_____ 4. Una misma máscara tiene muchos significados.

_____ 5. El Teatro Kabuki también es teatro de máscaras.

_____ 6. Okame es la diosa del mal en la cultura japonesa.

_____ 7. La máscara japonesa era utilizada en la política.

_____ 8. Las conchas y cerámicas son los materiales de este tipo de máscaras.

INVESTIGACIÓN SOCIAL Y CULTURAL   Fecha: _____

TEMA: <u>Máscara japonesa: teatro Noh</u> 能

Noh proviene del japonés nō, que significa "talento" o "habilidad", es una forma de teatro originado en el siglo XIV que cuenta con la música, danza y el drama como sus principales elementos. Dentro del Noh los actores narran la historia de la obra a través de su apariencia y de sus ademanes, buscan transmitir la esencia de la historia mediante el uso de máscaras. Utilizan dos espacios de representación, escenifican historias budistas y declaman poemas.

La cultura japonesa cuenta con tres periódos históricos. Dentro de las máscaras, las más destacadas son la "Okame" que es la diosa que brinda fortuna y la alegría. Estás máscaras son usadas para representar una forma idealizada de la belleza femenina. La misma máscara con diferentes rostros pintados para diferentes estados de ánimo. El teatro Noh y sus máscaras distintivas influyeron en muchas otras tradiciones japonesas, incluyendo la dramática pintura facial del teatro Kabuki.

Dentro del folklore japonés, en los tradicionales festivales, el teatro y los rituales, las máscaras cumplen un papel importante haciendo representación de personas, criaturas, animales, demonios y/o fantasmas. Se conoce que el uso de las máscaras inició en el período Jomon (10.000 a. C. a 300 a. C.) en juegos y rituales, eran usadas incluso para cubrir el rostro de un difunto y para despistar la atención de los espíritus malignos. Eran usadas en juegos y rituales religiosos. Estaban hechas de concha y cerámica. Luego se fueron perfeccionando y haciendo de papel.

Características de la máscara Noh:

-la mayoría son de menor tamaño que el rostro humano. Los huecos de los ojos son más pequeños, hacienda que los actors utilicen las columnas del escenario como referencia. Existen máscaras pre determinadas para un personaje específico de una obra o para diferenctes personajes en otro tipo de obra.

-solo el actor principal utiliza máscara, cuando representa un personaje sobrenatural -dios, demonio- una mujer -ya que no hay actrices en el Noh-, un anciano o anciana, y también un hombre de mediana edad, pero tan solo cuando su rostro refleja un estado muy especial.

Una de las más emblemáticas máscaras de Noh es la Hannya: 般若 es un personaje femenino que expresa tristeza y la ira de celos, cuenta la historia que cuando la mujer fue traicionada o despreciada por un amante, sus celos, rabia y dolor la convirtieron en un demonio. Aunque su rostro aterrador, se

considera un símbolo de buena suerte en Japón que aleja el mal.

La temática de los dramas *noh* es solemne y trágica, y siempre alude a algún tipo de redención usando el simbolismo aparente de alguna leyenda o hecho histórico. Un programa *noh* contiene cinco piezas y cuatro farsas *kyōgen* y dura de cuatro a cinco horas.

REPASEMOS:

El Noh significa "talento o habilidad". Cuenta con música, danza y drama como elementos. Este Teatro narra historias utilizando el cuerpo y las máscaras. Cada máscara tiene su propio significado. El Teatro Kabuki es un teatro que utiliza la pintura facial y puede que incluya una que otra máscaras. Okame es la diosa que brinda fortuna y alegría en la cultura japonesa. La máscara japonesa era utilizada en juegos y rituales. Las conchas y cerámicas son los materiales de este tipo de máscaras.

ACTIVIDAD: Busque información de la máscara japonesa del teatro Noh y escríbala en este espacio.

Nombre: _____   Fecha: _____

CONTEXTO HISTÓRICO, SOCIAL Y CULTURAL:

ACTIVIDAD: Busque y circule las palabras en el palabragramas.

MÁSCARA JAPONESA

```
V  S  Z  B  C  U  B  R  I  R  C  A  R  A
J  G  F  C  G  E  S  P  I  R  I  T  U  S
M  O  E  R  E  P  R  E  S  E  N  T  A  R
K  H  H  X  M  T  F  R  W  S  C  J  G  I
R  I  T  O  R  E  L  I  G  I  O  S  O  D
Y  F  W  A  H  A  Q  O  P  G  L  K  K  E
D  A  D  N  D  T  N  D  E  N  O  C  G  C
E  N  E  I  E  R  V  O  R  I  R  O  J  E
M  T  P  M  C  O  U  J  S  F  H  I  G  R
O  A  A  A  O  N  S  O  O  I  U  B  I  A
N  S  P  L  N  O  C  M  N  C  E  H  J  M
I  M  E  E  C  H  V  O  A  A  S  H  O  I
O  A  L  S  H  O  O  N  S  D  O  C  T  C
S  S  T  R  A  D  I  C  I  O  N  E  S  A
```

ANIMALES	COLORHUESO
CUBRIRCARA	DECERAMICA
DECONCHA	DEMONIOS
DEPAPEL	ESPIRITUS
FANTASMAS	PERIODOJOMON
PERSONAS	REPRESENTAR
RITORELIGIOSO	SIGNIFICADO
TEATRONOH	TRADICIONES

Nombre: _____ Fecha: _____

EJECUSIÓN CREATIVA:

ACTIVIDAD: Dibuje una propuesta de máscara: Japonesa. Utilice la plantilla de rostro para hacer su boceto y diseño o dibújela a mano libre como estudiado. Recuerde la proporción.

Nombre: _____ Fecha: _____

JUICIO ESTÉTICO:

Rúbrica para evaluar Diseño de Máscara: Japonesa   valor: 20 puntos

CRITERIO	4 Excelente	3 Bueno	2 Regular	0 No hizo
USO DE PLANTILLA: (proporción)	_siempre usa plantilla para dibujar o tiene proporción.	_aunque use plantilla, no tiene proporción.	_NO usa plantilla para dibujar (NO proporción).	_No entregó
RELEVANCIA DEL DISEÑO SEGÚN EL PERSONAJE	_tiene todas las características de la máscara japonesa.	_tiene varias características de la máscara japonesa.	_NO tiene ninguna característica de la máscara.	_NO la hizo
LIMPIEZA (borrones y arrugas)	_el diseño está libre de borrones y arrugas.	_el diseño tiene pocos borrones o arrugas.	_el diseño está muy manchado de borrones y/o arrugas.	NO lo hizo
COLOR (de acuerdo con la máscara japonesa)	_El color es el adecuado según el personaje y trazo de un solo lado.	_El color es el adecuado según personaje y su trazo es de un solo lado.	__El color NO es el adecuado ni su trazo es de un solo lado.	_NO lo hizo
DISCIPLINA/ PUNTUALIDAD	__entregó antes o el día asignado.	_entregó un día después del día asignado.	_entregó dos a tres días después del asignado.	_NO entregó
Total				

_____   _____   _____

Firma estudiante   Firma maestr@   Firma del encargado

Observaciones: _____

Educación diferenciada:_____ tutoría de pares ___subgrupos

___otro:_____

E/E: ____tiempo adicional ___ayuda individualizada ___maestra recurso

__otro:_____

_____ SIE, exento, razón: _____

NOMBRE:_____   FECHA:_____

EJECUSIÓN CREATIVA/ JUICIO ESTÉTICO:

ACTIVIDAD: Realice una máscara Japonesa partiendo del diseño.

Bitácora de Trabajo: Documente día a día su proceso. Valor: 10 puntos

Actividad:	Fecha:
Día 1: Diseñé el boceto	
Día 2:	
Día 3:	
Día 4:	
Día 5:	
Día 6:	
Día 7:	
Día 8:	
Día 9:	
Día 10: Evaluación	

Evaluación bitácora de trabajo: 10 puntos

Logrado: 10 puntos	Incompleto: 5 puntos	No consideró: 1 punto
__Documenó un desgloce completo de su trabajo día por día.	__Documenó un desgloce incompleto de su trabajo día por día.	__NO documenó un desgloce completo de su trabajo día por día.

Rúbrica para evaluar construcción de máscara de la Comedia del Arte: 70 puntos

CRITERIO	EXCELENTE 10	BUENO 7	PUEDE MEJORAR 4	NO HIZO 0
ELEMENTOS REQUERIDOS -Boceto de la máscara -máscara	__ posee todos los elementos requeridos: boceto y máscara		_hizo boceto y no lo entregó con la máscara	_NO hizo máscara
CARACTERIZACION (posee características de máscara del personaje teatro japonés)	__ la máscara siempre posee característica del personaje japonés.	__la máscara posee algunas característica del personaje japonés.	__ la máscara no posee característica del personaje japonés.	_NO la hizo
SEGUIR INSTRUCCIONES -proporción y dureza en capas de papel	__la máscara evidencia proporción y dureza en capas de papel	_la máscara evidencia poca proporción o dureza en capas	__la máscara no evidencia proporción ni dureza en capas	_NO la hizo
TERMINACIONES (bordes forrados con papel)	__todos los bordes de la máscara están trabajados y lisos	___algunos de los bordes de las máscaras están trabajados y lisos	__los bordes de la máscara no están trabajados ni lisos	_NO la hizo
DESTREZA DE PEGAR	__la pega fue utilizada correctamente: cantidad necesaria sin manchas de pega ni arrugas.	_la pega fue utilizada regularmente: casi no hay o pocas manchas de pega o arrugas.	__la pega fue utilizada incorrectamente: cantidad exagerada hay manchas de pega y arrugas.	_NO la hizo
DESTREZAS DE COLOREAR	__ el color fue utilizado correctamente: no chorreado ni agrietado	__el color fue utilizado regularmente: no chorreado ni agrietado	__el color utilizado incorrectamente: chorreado y/o agrietado	_NO la hizo
DISCIPLINA- PUNTUALIDAD	__la construcción fue entregada el día solicitado.	__la construcción fue entregada de uno a tres días después de lo solicitado.	__la construcción fue entregada después de cuatro días del día solicitado.	_NO la hizo
TOTAL:				

NOMBRE: _____   FECHA: _____

JUICIO ESTÉTICO:

ACTIVIDAD: Coloque una o varias fotografías de su máscara terminada. Bono: 5 pts.

EJECUSIÓN CREATIVA: Fecha: _____

TEMA: <u>Consideraciones al utilizar la máscara japonesa</u>

1. Esta máscara NO permite que el actor pueda comunicarse cómodamente pues su boca es regularmente cerrada. Además, este tipo de teatro recrea historias mezclando música (dramatismo o pasividad), movimiento (peleas), danza (rituales).

2. El Teatro Japonés u oriental se lee (comienza su mirada) de derecha a izquierda a diferencia del nuestro, o el occidental, que es de izquierda a derecha.

3. La máscara se fija al rostro con cordón. El movimiento de la máscara se hace utilizando de referencia al otro actor. Se trata de mantener el rostro frontal la mayor parte del tiempo. (Parecido al manejo de la máscara griega).

4. Al actor utilizar una máscara sufre de una tranformación total: su cuerpo cambia según su personaje en relación con la historia.

5. Las barbas, sejas y bigotes son falsos pintados en la máscara.

6. NO se debe tocar la máscara con las manos una vez el actor la tenga puesta. Durante la representación debe dar la impresión de que la máscara es parte del rostro. Es importante tenerla puesta durante los ensayos y buscar maneras de fijarla al rostro sin que se vean los amarres ni sea incómodo para el actor.

7. Hidratar el cuerpo antes de la presentación y merendar.

EJECUSIÓN CREATIVA:

TEMA: <u>Máscara Japonesa</u>   Fecha: _____

ACTIVIDAD: Busque información en esta dirección relacionada a las diferentes presentaciones escénicas utilizando máscaras japonesas.

https://www.japonartesescenicas.org/teatro.html

Notas:

_____
_____
_____
_____
_____
_____
_____
_____
_____
_____
_____
_____
_____

Nombre_____ Fecha: _____

EJECUSIÓN CREATIVA:

ACTIVIDAD: <u>Enmarque la máscara japonesa para exhibición.</u>

1. Utilice una caja de cartón: corte los lados que componen la tapa. Mantenga el fondo y los lados.
2. Coloree el fondo y los lados por dentro o fórrelo con papel o tela.
3. Pegue la máscara en el fondo de la caja. (Parecerá un nicho).
4. Coloree el exterior o fórrelo con papel o tela.
5. Prepare la exhibición: utilice mesas, sillas, banquetas, banco, cajones o cualquier elemento que tenga disponible y crea que pueda dar una mejor vistosidad a su trabajo enmarcado. Puede cubrir el elemento con tela o manteles.
6. Coloque la caja de pie, (sobre el lado que la máscara que permita verse de frente). Puede poner el boceto de la máscara en un marco para fotografías e incluirlo al lado.
7. Párese detrás de su trabajo para explicar su procedimiento al público presente. LLene la información de la tarjata para que la diga el día de la exhibición. Puede recortarla y colocarla detrás de su trabajo como referencia. Trate de memorizar la información y comunicarla de forma natural.
8. Realice la publicidad del evento. Se prove un modelo de plantilla para esto o puede crear su propia propuesta. Póngale nombre a la exhibición.
9. Diviértase durante el proceso.

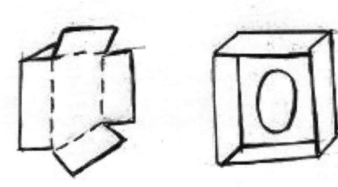

Mi nombre es _____. Soy alumno del _____ grado. Este es mi boceto y máscara japonesa del personaje _____. Hice una investigación y decidí seleccionar esta máscara por que _____. Su diseño me tomó _____días en realizarlo mientras que la máscara la completé en _____ días. El proceso de construcción fue el siguiente. Primero, realicé el boceto de la máscara que me interesó. Luego _____.

Después _____ y por último, _____.

Espero que mi trabajo sea de su agrado. Gracias.

- ✂

La escuela _____
y la clase de _____

presentan:

_____

Exhibición de máscara japonesa.

Dia: _____

Hora: _____

Lugar: _____

Artista:

_____

Su foto

Nombre: _____ Fecha: _____

Hoja de cotejo para evaluar el enmarque y exhibición de la máscara japonesa:

CRITERIO	LOGRADO 6	EN PROCESO 3	NO HIZO 0
ENMARQUE MÁSCARA JAPONESA/ COLOR O FORRADO	_enmarcó y coloreó o forró completamente la máscara japonesa	_enmarcó y coloreó o forró parcialmente la máscara japonesa	_NO enmarcó la máscara japonesa
PREPARACIÓN DEL LUGAR DE LA EXHIBICIÓN	_preparó el lugar		_NO preparó el lugar
PREPARACIÓN DE LA TARJETA	_completó total la información de tarjeta	_completó parcialmente	_NO completó información
EXPRESIÓN ORAL	_se expresó con fluidéz	_se expresó insegur@	_NO hizo
PUBLICIDAD DE LA EXHIBICIÓN	_creó publicidad completa	_creó publicidad parcialmente	_NO hizo
TOTAL			

_____ _____ _____
Firma estudiante   Firma maestr@   Firma del encargado

Observaciones: _____

Educación diferenciada: _____ tutoría de pares ___subgrupos ___otro:

_____

E/E: ____tiempo adicional ___ayuda individualizada ___maestra recurso

_____ SIE, exento, razón: _____

REFLEXIÓN: Complete la oración.

1. El enmarque de la máscara resultó _____

   _____

   _____

2. En la preparación de la exhibición _____

   _____

   _____

3. El día de la exhibición _____

   _____

   _____

4. La publicidad _____

   _____

Nombre: _____ Fecha: _____

JUICIO ESTÉTICO:

REFLEXIÓN: Conteste utilizando oraciones. Cada pregunta corresponde a un párrafo. Cada párrafo debe tener un mínimo de cinco oraciones. Ofrezca evidencia, datos, haga comparaciones, de acuerdo con la pregunta.   25 puntos

1. ¿Conocía la diversidad en la máscara japonesa? Explique su respuesta.

2. ¿Cuán fácil o difícil fue su proceso de construcción? Describa su paso a paso.

3. ¿Volvería a realizar una máscara de Japonesa? ¿Por qué?

_____
_____
_____
_____
_____
_____
_____
_____
_____
_____
_____
_____
_____
_____
_____
_____
_____
_____
_____
_____
_____
_____
_____
_____

Nombre: _____ Fecha: _____

JUICIO ESTÉTICO:

RÚBRICA DE REFEXIÓN: VALOR: 25 puntos

CRITERIOS	5 EXCELENTE	3 BUENO	2 SATISFACTORIO	0 DEFICIENTE
FORMATO TIPO PÁRRAFOS	__usa formato de párrafos	__ a veces usa formato de párrafos	__NO usó formato de párrafos	__No hizo
CONTENIDO	__ contestó todas las preguntas	__ contestó 2 de las preguntas	____ contestó 1 de las preguntas	__ no contestó las preguntas
DATOS-EVIDENCIA	__provee 3 o más evidencia en sus respuestas	__ provee 2 evidencias en sus respuestas	__provee 1 evidencia en sus respuestas	__No provee evidencia en sus respuestas
ORTOGRAFÍA	__ no tiene errores de puntuación, ni de letras mayúsculas, ni palabras mal escritas, ni error de sintaxis	__ tiene de uno a tres errores de puntuación, de letras mayúsculas, palabras mal escritas, error de sintaxis	__ tiene más de cuatro errores de puntuación, de letras mayúsculas, palabras mal escritas, error de sintaxis	__NO realizó
DISCIPLINA-PUNTUALIDAD	__entregó el trabajo antes o el día asignado	__entregó el trabajo el día después del día asignado	__entregó el trabajo dos o tres días después del día asignado	__NO realizó
TOTAL				

_____   _____   _____

Firma del estudiante   Firma maestr@   Firma encargado

Observaciones:_____

_____

Educación diferenciada:_____ tutoría de pares ___subgrupos

___otro:_____

E/E: ____tiempo adicional ___ayuda individualizada ___maestra recurso

___ Exento de SIE, razón: _____

COMEDIA DEL ARTE

EDUCACIÓN ESTÉTICA:

TEMA: <u>Máscara: Comedia del Arte</u>   Fecha: _____

ACTIVIDAD: Conteste las siguientes preguntas utilizando su conocimiento previo.

1. ¿Conoce el significado de la máscara de la Comedia del Arte?

2. ¿Existe un solo tipo de máscara de la Comedia del Arte? Explique su respuesta.

3.¿Cuáles son las características físicas de las máscaras de la Comedia del Arte?

4. ¿De qué material cree que se construyeron las máscaras de la Comedia del Arte?

5. ¿Cuáles colores crees que se utilizaban para pintarlas?

CONTEXTO HISTÓRICO, SOCIAL Y CULTURAL:
TEMA: Máscara: Comedia del Arte   Fecha: _____

Este es un estilo teatral dramático-humoresco, de entretenimiento y crítica, alejado de lo religioso. Se dirige a las masas para que reflexione de su condición de vida mediante la burla. Es una manera de combatir la represión social de la época. Requiere de grandes destrezas de parte de los actores: acrobacia, malabarismos, agilidad corpórea, voz, manejo de utilería, dominio de vestuarios pesados, pelucas, máscaras y maquillaje, entre otros. Nacido en Italia a mediados del siglo XVI. Consta de personajes tipos, (siempre son los mismos, con las mismas características, comportamiento y nombres), utilizando medias máscaras que los definen, exeptuando a las mujeres y a los enamorados. Estos últimos no utilizan máscaras por simbolizar la puereza y sinceridad. Las máscaras eran particularmente de cuero, por ser duraderas. Su color debe ser monocromática: van del blanco al negro, pasando por todas las gamas del "beige", el sepia y el marrón.

Cada máscara posee características particulares de acuerdo a su personaje tipo:
1. Pantalone: mercader viejo y avaro; máscara nariz alargada.
2. Capitano: militar mujeriego y fanfarrón; máscara de nariz grande hacia abajo.
3. Tartaglia: juez tartamudo, escucha por una corneta; máscara nariz mediana.
4. Brighella: bufón listo, criado; máscara nariz pequeña.
5. Arlequín: bufón tonto; máscara negra de nariz redonda, cachetes hundidos.
6. Polichinela: timador, máscara de enorme nariz.
7. Lelio: rico, poeta, enamorado de Colombina, no usa máscara.
8. Dottore: médico o jurista.
9. Scaramouche: bufón cobarde.

*Busque información de la media máscara de la Comedia del Arte y escríbala aquí.

CONTEXTO HISTÓRICO, SOCIAL Y CULTURAL:

TEMA: <u>Máscara: Comedia del Arte</u>   Fecha: _____

ACTIVIDAD: Luego del estudio, conteste nuevamente las preguntas correctamente.

---

1. ¿Cuál el significado de la máscara de la Comedia del Arte?

---

2. ¿Existe un solo tipo de máscara de la Comedia del Arte? Explique su respuesta.

---

3. ¿Cuáles son las características físicas de las máscaras de la Comedia del Arte?

---

4. ¿De qué material se construyeron las máscaras de la Comedia del Arte?

---

5. ¿Cuáles colores que se utilizaban para pintarlas?

Nombre: _____   Fecha: _____

CONTEXTO HISTÓRICO, SOCIAL Y CULTURAL:

ACTIVIDAD: Busque y circule las palabras en el palabragramas.

MASCARA COMEDIA DEL ARTE

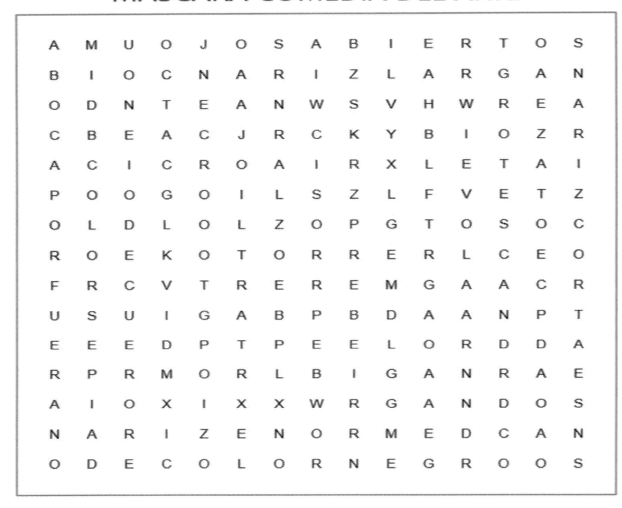

A	M	U	O	J	O	S	A	B	I	E	R	T	O	S
B	I	O	C	N	A	R	I	Z	L	A	R	G	A	N
O	D	N	T	E	A	N	W	S	V	H	W	R	E	A
C	B	E	A	C	J	R	C	K	Y	B	I	O	Z	R
A	C	I	C	R	O	A	I	R	X	L	E	T	A	I
P	O	O	G	O	I	L	S	Z	L	F	V	E	T	Z
O	L	D	L	O	L	Z	O	P	G	T	O	S	O	C
R	O	E	K	O	T	O	R	R	E	R	L	C	E	O
F	R	C	V	T	R	E	R	E	M	G	A	A	C	R
U	S	U	I	G	A	B	P	B	D	A	A	N	P	T
E	E	E	D	P	T	P	E	E	L	O	R	D	D	A
R	P	R	M	O	R	L	B	I	G	A	N	R	A	E
A	I	O	X	I	X	X	W	R	G	A	N	D	O	S
N	A	R	I	Z	E	N	O	R	M	E	D	C	A	N
O	D	E	C	O	L	O	R	N	E	G	R	O	O	S

BIGOTEPEGADO   BOCAPORFUERA

CEJASPEGADAS   COLORBEIGE

COLORMARRON   COLORSEPIA

DECOLORBLANCO   DECOLORNEGRO

DECUERO   GROTESCA

NARIZCORTA   NARIZENORME

NARIZGRANDE   NARIZLARGA

NARIZREDONDA   OJOSABIERTOS

Nombre: _____ Fecha: _____

EJECUSIÓN CREATIVA:

ACTIVIDAD: Dibuje una propuesta de la media máscara: Comedia del Arte. Utilice la plantilla de rostro para hacer su boceto y diseño o dibújela a mano libre como estudiado. Recuerde la proporción.

Nombre: _____ Fecha: _____

JUICIO ESTÉTICO:

Rúbrica para evaluar Diseño de Máscara: Comedia del Arte   valor: 20 puntos

CRITERIO	4 Excelente	3 Bueno	2 Regular	0 No hizo
USO DE PLANTILLA: (proporción)	_siempre usa plantilla para dibujar o tiene proporción.	_aunque use plantilla, no tiene proporción.	_NO usa plantilla para dibujar (NO proporción).	_No entregó
RELEVANCIA DEL DISEÑO SEGÚN EL PERSONAJE	_tiene todas las características de la media máscara.	_tiene varias características de la media máscara.	_NO tiene ninguna característica de la media máscara.	_NO la hizo
LIMPIEZA (borrones y arrugas)	_el diseño está libre de borrones y arrugas.	_el diseño tiene pocos borrones o arrugas.	_el diseño está muy manchado de borrones y/o arrugas.	NO lo hizo
COLOR (de acuerdo con la máscara griega)	_El color es el adecuado y la hace excepcionalmente atractiva.	_El color es el adecuado y la hace atractiva.	__El color NO es el adecuado y NO la hace atractiva.	_NO lo hizo
DISCIPLINA/ PUNTUALIDAD	__entregó antes o el día asignado.	_entregó un día después del día asignado.	_entregó dos a tres días después del asignado.	_NO entregó
Total				

_____   _____   _____
Firma estudiante   Firma maestr@   Firma del encargado

Observaciones: _____

Educación diferenciada:_____ tutoría de pares ___subgrupos

___otro:_____

E/E: _____tiempo adicional ___ayuda individualizada ___maestra recurso

__otro:_____

_____ SIE, exento, razón: _____

NOMBRE:_____   FECHA: _____

EJECUSIÓN CREATIVA/ JUICIO ESTÉTICO:

ACTIVIDAD: Realice una media máscara: Comedia del Arte partiendo del diseño.

Bitácora de Trabajo: Documente día a día su proceso.   Valor: 10 puntos

Actividad:	Fecha:
Día 1: Diseñé el boceto	
Día 2:	
Día 3:	
Día 4:	
Día 5:	
Día 6:	
Día 7:	
Día 8:	
Día 9:	
Día 10: Evaluación	

Evaluación bitácora de trabajo: 10 puntos

Logrado: 10 puntos	Incompleto: 5 puntos	No consideró: 1 punto
__Documenó un desgloce completo de su trabajo día por día.	__Documenó un desgloce incompleto de su trabajo día por día.	__NO documenó un desgloce completo de su trabajo día por día.

Rúbrica para evaluar construcción de máscara de la Comedia del Arte: 70 puntos

CRITERIO	EXCELENTE 10	BUENO 7	PUEDE MEJORAR 4	NO HIZO 0
ELEMENTOS REQUERIDOS -Boceto de la máscara -máscara	__ posee todos los elementos requeridos: boceto y máscara		_hizo boceto y no lo entregó con la máscara	_NO hizo máscara
CARACTERIZACION (posee características de máscara del personaje de la Comedia del Arte)	__ la máscara siempre posee característica del personaje.	__la máscara posee algunas característica del personaje.	__ la máscara no posee característica del personaje.	_NO la hizo
SEGUIR INSTRUCCIONES -proporción y dureza en capas de papel	__la máscara evidencia proporción y dureza en capas de papel	_la máscara evidencia poca proporción o dureza en capas	__la máscara no evidencia proporción ni dureza en capas	_NO la hizo
TERMINACIONES (bordes forrados con papel)	__todos los bordes de la máscara están trabajados y lisos	___algunos de los bordes de las máscaras están trabajados y lisos	__los bordes de la máscara no están trabajados ni lisos	_NO la hizo
DESTREZA DE PEGAR	__la pega fue utilizada correctamente: cantidad necesaria sin manchas de pega ni arrugas.	__la pega fue utilizada regularmente: casi no hay o pocas manchas de pega o arrugas.	__la pega fue utilizada incorrectamente: cantidad exagerada hay manchas de pega y arrugas.	_NO la hizo
DESTREZAS DE COLOREAR	__ el color fue utilizado correctamente: no chorreado ni agrietado	__el color fue utilizado regularmente: no chorreado ni agrietado	__el color utilizado incorrectamente: chorreado y/o agrietado	_NO la hizo
DISCIPLINA-PUNTUALIDAD	__la construcción fue entregada el día solicitado.	__la construcción fue entregada de uno a tres días después de lo solicitado.	__la construcción fue entregada después de cuatro días del día solicitado.	_NO la hizo
TOTAL:				

NOMBRE: _____   FECHA: _____

JUICIO ESTÉTICO:

ACTIVIDAD: Coloque una o varias fotografías de su máscara terminada. Bono: 5 pts.

EJECUSIÓN CREATIVA: Fecha: _____

TEMA: Consideraciones al utilizar la media máscara de la Comedia del Arte

1. Esta máscara permite que el actor pueda comunicarse cómodamente pues tiene el área de la boca al aire libre.

2. Al mirar a través de una máscara, el actor debe orientarse considerando tener un solo ojo. Puede lograrlo al centrar la mirada frente a su nariz.

3. El movimiento de la máscara se hace utilizando de referencia al otro actor, (perfil del rostro o ¾), el objeto (utilería) colocándola frente a sí para luego utilizarla y el público (teniendo miradas directas con éste mientras dice su parlamento); según el comportamiento del personaje.

4. Al actor utilizar una máscara sufre de una tranformación total: su cuerpo cambia según su personaje, (postura si es jorobado o carga una barriga), al igual su comportamiento (si tiene movimientos repetitivos, una manera de caminar particular como balancear su cuerpo de lado a lado, es cojo o utiliza bastón, suena una campana antes de hablar, utiliza un cuerno para escuchar, o agilidad para brincos constantes). La voz cambia de registro: grave/agudo o engolada.

5. En la representación de la máscara de esta época se hace con construidas en cuero por ser un material vivo, permitiendo la transpiración de su uso prolongado. En el teatro escolar, se construye de papel.

6. La media máscara es colocada sobre un "camauro" (capucha negra que cubre el pelo del actor, su cuello y ayuda a sugetar la máscara). En el teatro escolar, podemos utilizar un gorro, capucha, tela o pañuelo para este fin.

7. Las barbas, sejas y bigotes son falsos y pegdos a la misma máscara. En teatro escolar podemos utilizar pelo sintético, hilo de estambre desenredado y/o algodón esparcido.

8. La única parte desnuda del cuerpo de los actores que utilizan máscaras en la Comedia del Arte son las manos.

9. NO se debe tocar la máscara con las manos una vez el actor la tenga puesta. Durante la representación debe dar la impresión de que la máscara es parte del rostro. Es importante tenerla puesta durante los ensayos y buscar maneras de fijarla al rostro sin que se vean los amarres ni sea incómodo para el actor.

10. Debe oxigenar su cuerpo para proyectar su voz correctamente. La respiración es súmamente importante y el uso del diafragma para proyectar la voz. Recuerde que utiliza un registro de voz que no es el del actor. Debe practicar mucho sin comprometer sus cuerdas vocales.

11. Hidratar el cuerpo antes de la presentación y merendar.

EJECUSIÓN CREATIVA:
TEMA: <u>Media máscara: Comedia del Arte</u>   Fecha: _____

ACTIVIDAD: La Comedia del Arte se vale de sucesos improvisados donde presentan una crítica al gobierno, las condiciones precarias de trabajo o de vida: coloca al público como protagonista para reflexionar. No existe libreto o texto escrito. Sientan una bases para la improvisación, pero siguen la misma estructura de la dramaturgia: inicio (conocemos los personajes), desarrollo (punto culminante: conflicto) y cierre (desenlace).

Divídade en sug grupos. Seleccione su personaje. Utilice la plantilla a continuación para crear un libreto de las situaciones a presenter manteniendo las bases de la dramaturgia: inicio, punto culminante, cierre; demuestre con el alguna crítica social y su posible solución. Si tienen destrezas de improvisación, hablen a grandes razgos de la historia. Puede utilizar la plantilla a continuación para documentar el proceso o como guía. Si necesita escribir los diálogos, adelante. Además, enumere los personajes y su característica particular de la máscara.

1. Posibles temas a desarrollar:
   Realicen una lista de los temas de interés para su texto:
   a. _____
   b. _____
   c. _____
   d. _____
   e. _____

2. Seleccione un tema:_____

3. Escriba datos particulares de ese tema para resaltar en el texto:

   _____
   _____
   _____
   _____
   _____
   _____
   _____
   _____
   _____
   _____
   _____

Nombre_____ Fecha: _____

EJECUSIÓN CREATIVA:

TEMA: <u>Media máscara: Comedia del Arte en función</u>
ACTIVIDAD: Recree la escena del texto escrito. (Valor: 60 pts.)

CRITERIOS	10 EXCELENTE	7 BUENO	4 SATISFACTORIO	0 DEFICIENTE
FLUIDEZ Y TEMPO DE LA ESCENA	__siempre mantuvo fluidez y tempo	__a veces mantuvo fluidez y tempo	__NO mantuvo fluidez y tempo	__ NO presentó
CARACTERIZACIÓN DE LA MÁSCARA	__siempre mantuvo la máscara frontal	__la mayor parte del tiempo mantuvo la máscara frontal	__ NO mantuvo la máscara frontal	__ NO presentó
DOMINIO ESCÉNICO	__siempre demostró seguridad	__a veces demostró seguridad	__NO demostró seguridad	__NO presentó
HABILIDAD PARA RELACIONARSE CON LOS OTROS ACTORES	__siempre demostró relación con los otros actores en la escena	__a veces demostró relación con los otros actores en la escena	__NO demostró relación con los otros actores en la escena	__NO participó.
HABILIDAD PARA CAUTIVAR ALPÚBLICO	__siempre cautivó al público	__a veces cautivó al público	__NO cautivó al público	__NO presentó
MANEJO DE LA MÁSCARA	__siempre mantuvo su máscara puesta, sin tocarla, manejándola natural.	__se toca la máscara en escena sin justificación	_se le soltó y/o cayó la máscara en escena	__NO usó o mantuvo su máscara puesta
TOTAL				

_____   _____   _____
Firma estudiante   Firma maestr@   Firma del encargado

Observaciones: _____

Educación diferenciada:_____ tutoría de pares ___subgrupos
___otro:_____
E/E: ____tiempo adicional ___ayuda individualizada ___maestra recurso

__otro:_____
_____ SIE, exento, razón: _____

_____

Nombre: _____   Fecha: _____

JUICIO ESTÉTICO:

REFLEXIÓN: Conteste utilizando oraciones. Cada pregunta corresponde a un párrafo. Cada párrafo debe tener un mínimo de cinco oraciones. Ofrezca evidencia, datos, haga comparaciones, de acuerdo con la pregunta.   25 puntos

1. ¿Conocía la diversidad en la máscara de Comedia del Arte? Explique su respuesta.

2. ¿Cuán fácil o difícil fue su proceso de construcción? Describa su paso a paso.

3. ¿Volvería a realizar una máscara de Comedia del Arte? ¿Por qué?

MÁSCARAS-IVELISSE GÓMEZ-GUZMÁN

Nombre: _____ Fecha: _____

JUICIO ESTÉTICO:

RÚBRICA DE REFEXIÓN: VALOR: 25 puntos

CRITERIOS	5 EXCELENTE	3 BUENO	2 SATISFACTORIO	0 DEFICIENTE
FORMATO TIPO PÁRRAFOS	__usa formato de párrafos	__ a veces usa formato de párrafos	__NO usó formato de párrafos	__No hizo
CONTENIDO	__ contestó todas las preguntas	__ contestó 2 de las preguntas	____ contestó 1 de las preguntas	__ no contestó las preguntas
DATOS-EVIDENCIA	__provee 3 o más evidencia en sus respuestas	__ provee 2 evidencias en sus respuestas	__provee 1 evidencia en sus respuestas	__No provee evidencia en sus respuestas
ORTOGRAFÍA	__ no tiene errores de puntuación, ni de letras mayúsculas, ni palabras mal escritas, ni error de sintaxis	__ tiene de uno a tres errores de puntuación, de letras mayúsculas, palabras mal escritas, error de sintaxis	__ tiene más de cuatro errores de puntuación, de letras mayúsculas, palabras mal escritas, error de sintaxis	__NO realizó
DISCIPLINA-PUNTUALIDAD	__entregó el trabajo antes o el día asignado	__entregó el trabajo el día después del día asignado	__entregó el trabajo dos o tres días después del día asignado	__NO realizó
TOTAL				

_____   _____   _____

Firma del estudiante   Firma maestr@   Firma encargado

Observaciones:_____
_____

Educación diferenciada:_____ tutoría de pares ___subgrupos
___otro:_____
E/E: ____tiempo adicional ___ayuda individualizada ___maestra recurso
____ Exento de SIE, razón: _____

130

MÁSCARA VENECIANA

Nombre: _____ Fecha: _____

EDUCACIÓN ESTÉTICA:

ACTIVIDAD: Conteste si la oración es cierta o falsa, según su conocimiento.

1. _____ La máscara veneciana tiene diseños únicos decorados con diversos materiales.
2. _____ Su historia viene de los tiempos árabes.
3. _____ Se popularizó la máscara veneciana en el siglo XVIII.
4. _____ Las mascaras venecianas garantizaban el anonimato.
5. _____ Utilizadas para asistir a escuentros amorosos sin ser reconocidos.
6. _____ El Bauta es un modelo de máscara tradicional veneciano.
7. _____ La máscara de Dottore es veneciana.
8. _____ La máscara veneciana ovalada de color negro se llama El Bauta.
9. _____ Los doctores de la época utilizaban máscaras para evitar contagiarse de la peste.
10. _____ Las máscaras originales de Venecia son de papel maché y pintadas a mano.

ACTIVIDAD: Calcula el costo de la máscara veneciana en dólares americanos.
1 Euro = 1.19 dólar americano aproximadamente.

1. ¿Cuánto cuesta una máscara de 45 euros en dólares americanos?
_____

2. ¿Cuánto cuesta una máscara de 100 euros en dólares americanos?
_____

3. ¿Cuánto cuesta una máscara de 150 auros en dólares americanos?
_____

4. ¿Cuánto cuesta una máscara de 175 euros en dólares americanos?
_____

5. ¿Cuánto cuesta una máscara de 200 auros en dólares americanos?
_____

NOMBRE: _____ Fecha: _____

INVESTIGACIÓN SOCIAL Y CULTURAL

TEMA: <u>Máscara Veneciana</u>

En Venecia, las vitrinas de los locales son atraídas y fotografiadas por turistas de todo el mundo gracias a sus famosas máscaras de carnival. Sus diseños únicos decorados con pieles, plumas, piedras, joyas, tejidos, entre otros materiales. Estás máscaras y medias máscaras son la atención de todos. Estaban realizadas, en sus inicios, de piel, porcelana o vidrio. En la actualidad se realizan en yeso y se decoran con pan de oro, esmaltes y plumas.

Su historia viene desde los tiempos romanos, pero su máximo explendor surgió en el siglo XVIII. Hoy en día, se asocian a grandes carnavales, en la antiguedad se utilizaban durante todo el año: especialmente en visitas al teatro y/o fiestas oficiales. Éstas garantizaban el anonimato, siendo un plan perfecto para que los aristócratas pudieran mezclarse entre la "pleble" (el pueblo), participar en conspiraciones y hasta las utilizaban para asistir a secretos encuentros amorosos.

Existen modelos tradicionales o típicos de este tipo de máscaras:

1. El Bauta- es una máscara blanca con un pico alargado que sale desde debajo de la nariz hasta tapar la boca. Se utiliza una túnica, con una capa negra y un sombrero de tres pico. Esta media máscara representa la intriga, el miterio y el secreto.

2. Moretta-es una máscara de forma ovalada color negro mate o terciopelo que cubre el rostro; de orígen francés. Es de uso exclusivo femenino, utilizada con sombrero y velos.

3. Dottore Peste- utilizada por los médicos que trataban la peste para no contagiarse ni oler el hedor de los muertos. El área de los ojos es de cristal y una larga nariz donce introducían panuelos perfumados y hierbas.

4. Las máscaras de la Comedia del Arte.

Las máscaras venecianas originales se pueden conseguir en tiendas de "souvenirs" a un precio accessible (30 a 40 euros) siendo reproducciones. Las auténticas artesanales se hacen de papel maché y pintadas a mano convirtiéndolas en una pieza costosa que oscila entre 50 a 200 euros, según la complejidad del diseño.

Nombre: _____   Fecha: _____

CONTEXTO HISTÓRICO, SOCIAL Y CULTURAL:

ACTIVIDAD: Busque y circule las palabras en el palabragramas.

MÁSCARA VENECIANA

```
L  S  N  G  M  U  J  E  R  E  S  O  C  H
K  I  P  H  O  M  B  R  E  S  A  C  I  K
Y  M  K  P  I  E  L  E  S  P  E  D  T  B
Q  K  I  Q  O  I  W  J  O  Y  A  S  A  M
J  M  O  L  T  M  E  Z  C  L  A  R  S  E
A  R  I  S  T  O  C  R  A  T  A  S  W  M
J  S  C  O  N  S  P  I  R  A  C  I  O  N
H  V  U  K  F  I  E  S  T  A  S  Q  G  W
D  I  S  E  Ñ  O  S  U  N  I  C  O  S  A
V  I  S  I  T  A  S  A  T  E  A  T  R  O
T  E  J  I  D  O  S  P  I  E  D  R  A  S
X  P  D  E  C  O  R  A  D  O  S  I  A  B
X  F  C  A  N  O  N  I  M  A  T  O  W  Z
P  L  U  M  A  S  C  O  L  O  R  E  S  X
```

ANONIMATO   ARISTOCRATAS
CITAS   CONSPIRACION
DECORADOS   DISEÑOSUNICOS
FIESTAS   HOMBRES
JOYAS   MEZCLARSE
MUJERES   PIEDRAS
PIELES   PLUMASCOLORES
TEJIDOS   VISITASATEATRO

TEMA: <u>Máscara veneciana</u>   Fecha: _____

ACTIVIDAD: Luego de la investigación responda correctamente el "cierto o falso".

1. _____ La máscara veneciana tiene diseños únicos decorados con diversos materiales.

2. _____ Su historia viene de los tiempos árabes.

3. _____ Se popularizó la máscara veneciana en el siglo XVIII.

4. _____ Las máscaras venecianas garantizaban el anonimato.

5. _____ Utilizadas para asistir a escuentros amorosos sin ser reconocidos.

6. _____ El Bauta es un modelo de máscara tradicional veneciano.

7. _____ La máscara de Dottore es veneciana.

8. _____ La máscara veneciana ovalada de color negro se llama El Bauta.

9. _____ Los doctores de la época utilizaban máscaras para evitar contagiarse de la peste.

10. _____ Las máscaras originales de Venecia son de papel maché y pintadas a mano.

ACTIVIDAD: Búsque información sobre la máscara veneciana y escríbala aquí.

EXPRESIÓN CREATIVA

Nombre: _____   Fecha: _____

TEMA: <u>Máscara Veneciana</u>

ACTIVIDAD: Dibuje una propuesta de una máscara veneciana.   Valor: 20 puntos.

Utilice la plantilla de rostro para hacer su boceto y diseño.

Nombre: _____ Fecha: _____

JUICIO ESTÉTICO:

Rúbrica para evaluar Diseño de Máscara: Veneciana   valor: 20 puntos

CRITERIO	4 Excelente	3 Bueno	2 Regular	0 No hizo
USO DE PLANTILLA: (proporción)	_siempre usa plantilla para dibujar o tiene proporción.	_aunque use plantilla, no tiene proporción.	_NO usa plantilla para dibujar (NO proporción).	_No entregó
RELEVANCIA DEL DISEÑO SEGÚN EL PERSONAJE	_tiene todas las características de la máscara veneciana según personaje.	_tiene varias características de la máscara veneciana según personaje.	_NO tiene ninguna característica de la máscara veneciana según personaje.	_NO la hizo
LIMPIEZA (borrones y arrugas)	_el diseño está libre de borrones y arrugas.	_el diseño tiene pocos borrones o arrugas.	_el diseño está muy manchado de borrones y/o arrugas.	NO lo hizo
COLOR (de acuerdo con personaje de la máscara veneciana)	_El color es el adecuado.	_El color es parcialmente adecuado.	__El color NO es el adecuado/NO coloreó.	_NO lo hizo
DISCIPLINA/ PUNTUALIDAD	__entregó antes o el día asignado.	_entregó un día después del día asignado.	_entregó dos a tres días después del asignado.	_NO entregó
Total				

_____   _____   _____

Firma estudiante   Firma maestr@   Firma del encargado

Observaciones: _____

Educación diferenciada:_____ tutoría de pares ___subgrupos

___otro:_____

E/E: _____tiempo adicional ___ayuda individualizada ___maestra recurso

__otro:_____

_____ SIE, exento, razón: _____

NOMBRE:_____ FECHA: _____

EJECUSIÓN CREATIVA/ JUICIO ESTÉTICO:

ACTIVIDAD: Realice una máscara Veneciana partiendo del diseño.

Bitácora de Trabajo: Documente día a día su proceso.   Valor: 10 puntos

Actividad:	Fecha:
Día 1: Diseñé el boceto	
Día 2:	
Día 3:	
Día 4:	
Día 5:	
Día 6:	
Día 7:	
Día 8:	
Día 9:	
Día 10: Evaluación	

Evaluación bitácora de trabajo: 10 puntos

Logrado: 10 puntos	Incompleto: 5 puntos	No consideró: 1 punto
__Documenó un desgloce completo de su trabajo día por día.	__Documenó un desgloce incompleto de su trabajo día por día.	__NO documenó un desgloce completo de su trabajo día por día.

Rúbrica para evaluar construcción de máscara de la Comedia del Arte: 70 puntos

CRITERIO	EXCELENTE 10	BUENO 7	PUEDE MEJORAR 4	NO HIZO 0
ELEMENTOS REQUERIDOS -Boceto de la máscara -máscara	__ posee todos los elementos requeridos: boceto y máscara		_hizo boceto y no lo entregó con la máscara	_NO hizo máscara
CARACTERIZACION (posee características de máscara del personaje)	__ la máscara siempre posee característica del personaje.	__la máscara posee algunas característica del personaje.	__ la máscara no posee característica del personaje.	_NO la hizo
SEGUIR INSTRUCCIONES -proporción y dureza en capas de papel	__la máscara evidencia proporción y dureza en capas de papel	_la máscara evidencia poca proporción o dureza en capas	__la máscara no evidencia proporción ni dureza en capas	_NO la hizo
TERMINACIONES (bordes forrados con papel)	__todos los bordes de la máscara están trabajados y lisos	___algunos de los bordes de las máscaras están trabajados y lisos	__los bordes de la máscara no están trabajados ni lisos	_NO la hizo
DESTREZA DE PEGAR	__la pega fue utilizada correctamente: cantidad necesaria sin manchas de pega ni arrugas.	__la pega fue utilizada regularmente: casi no hay o pocas manchas de pega o arrugas.	__la pega fue utilizada incorrectamente: cantidad exagerada hay manchas de pega y arrugas.	_NO la hizo
DESTREZAS DE COLOREAR	__ el color fue utilizado correctamente: no chorreado ni agrietado	__el color fue utilizado regularmente: no chorreado ni agrietado	__el color utilizado incorrectamente: chorreado y/o agrietado	_NO la hizo
DISCIPLINA-PUNTUALIDAD	__la construcción fue entregada el día solicitado.	__la construcción fue entregada de uno a tres días después de lo solicitado.	__la construcción fue entregada después de cuatro días del día solicitado.	_NO la hizo
TOTAL:				

_____   _____   _____
Firma estudiante   Firma maestr@   Firma encargado

NOMBRE: _____   FECHA: _____

JUICIO ESTÉTICO:

ACTIVIDAD: Coloque una o varias fotografías de su máscara terminada. Bono: 5 pts.

Nombre:_____ Fecha: _____

EJECUSIÓN CREATIVA:

TEMA: Máscara Veneciana:

ACTIVIDAD: Recree un baile de máscaras.

1. Realice una hoja de cotejo:

Elementos:	Logrado:	En proceso:
1. Selección del lugar		
2. Fecha		
3. Hora		
4. Publicidad		
5. Invitaciones		
6. Música		
7. Vestimenta y máscaras		
8. Decoración		
9. Alimentos: _____		
10.		
11.		
12.		

Cree un conflicto y resuélvalo tratando de no llamar la atención del resto de los que participan del baile.

1. Seleccione su grupo: (nombre y personaje)

_____

_____

_____

2. Describa el conflicto:

_____

_____

_____

_____

_____

_____

_____

_____

_____

_____

_____

_____

_____

_____

_____

_____

_____

_____

_____

_____

_____

_____

_____

3. Solución del conflicto:

_____

_____

_____

_____

_____

_____

_____

_____

_____

Nombre_____ Fecha: _____

EJECUSIÓN CREATIVA:

TEMA: Máscara veneciana

ACTIVIDAD: Recree la escena del texto escrito.   (Valor: 60 pts.)

CRITERIOS	10 EXCELENTE	7 BUENO	4 SATISFACTORIO	0 DEFICIENTE
FLUIDEZ Y TEMPO DE LA ESCENA	__siempre mantuvo fluidez y tempo	__a veces mantuvo fluidez y tempo	__NO mantuvo fluidez y tempo	__ NO presentó
CARACTERIZACIÓN DE LA MÁSCARA	__siempre mantuvo la máscara frontal	__la mayor parte del tiempo mantuvo la máscara frontal	__ NO mantuvo la máscara frontal	__ NO presentó
DOMINIO ESCÉNICO	__siempre demostró seguridad	__a veces demostró seguridad	__NO demostró seguridad	__NO presentó
HABILIDAD PARA RELACIONARSE CON LOS OTROS ACTORES	__siempre demostró relación con los otros actores en la escena	__a veces demostró relación con los otros actores en la escena	__NO demostró relación con los otros actores en la escena	__NO participó.
PROVOCÓ Y SOLUCUIONÓ CONFICTO	__provocó y solucionó conficto	__provocó y no solucionó conflicto	__NO provocó ni solucionó conflicto	__NO presentó
MANEJO DE LA MÁSCARA	__siempre mantuvo su máscara puesta, sin tocarla, manejándola natural.	__se toca la máscara en escena sin justificación	_se le soltó y/o cayó la máscara en escena	__NO usó o mantuvo su máscara puesta
TOTAL				

_____   _____   _____

Firma estudiante   Firma maestr@   Firma del encargado

Observaciones: _____

Educación diferenciada:_____ tutoría de pares ___subgrupos:_____

____tiempo adicional ___ayuda individualizada ___maestra recurso

Nombre: _____ Fecha: _____

JUICIO ESTÉTICO:

REFLEXIÓN: Conteste utilizando oraciones. Cada pregunta corresponde a un párrafo. Cada párrafo debe tener un mínimo de cinco oraciones. Ofrezca evidencia, datos, haga comparaciones, de acuerdo con la pregunta.   25 puntos

1. Describa su proceso de organización para su baile de máscaras. Explique su respuesta. (Puede ser un orden de suscesos).

2. ¿Logró desarrollar el conflicto sin causar revuelo entre los asistentes al baile? Explique su respuesta.

3. ¿Le gustó haber realizado este ejercicio? Narre su experiencia.

_____
_____
_____
_____
_____
_____
_____
_____
_____
_____
_____
_____
_____
_____
_____
_____
_____
_____
_____
_____
_____
_____
_____
_____
_____
_____

asddddddddddddddddddddddddddddasddddddddddddddddddd

MÁSCARAS-IVELISSE GÓMEZ-GUZMÁN

Nombre: _____ Fecha: _____

JUICIO ESTÉTICO:

RÚBRICA DE REFEXIÓN: VALOR: 25 puntos

CRITERIOS	5 EXCELENTE	3 BUENO	2 SATISFACTORIO	0 DEFICIENTE
FORMATO TIPO PÁRRAFOS	__usa formato de párrafos	__ a veces usa formato de párrafos	__ NO usó format de párrafos	__NO hizo
CONTENIDO	__ contestó todas las preguntas	__ contestó 2 de las preguntas	___ contestó 1 de las preguntas	__ NO contestó las preguntas
DATOS-EVIDENCIA	__provee 3 o más evidencia en sus respuestas	__ provee 2 evidencias en sus respuestas	__provee 1 evidencia en sus respuestas	__NO provee evidencia en sus respuestas
ORTOGRAFÍA	__ no tiene errores de puntuación, ni de letras mayúsculas, ni palabras mal escritas, ni error de sintaxis	__ tiene de uno a tres errores de puntuación, de letras mayúsculas, palabras mal escritas, error de sintaxis	__ tiene cuatro o más errores de puntuación, de letras mayúsculas, palabras mal escritas, error de sintaxis	__NO lo hizo
DISCIPLINA-PUNTUALIDAD	__entregó el trabajo antes o el día asignado	__entregó el trabajo el día después del día asignado	__entregó el trabajo dos a cinco días después del día asignado	__NO entregó
TOTAL				

_____   _____   _____
Firma del estudiante   Firma maestr@   Firma encargado

Observaciones:_____
_____

Educación diferenciada:____ tutoría de pares ___subgrupos
___otro:_____

E/E: ____tiempo adicional ___ayuda individualizada ___maestra recurso
___ Exento de SIE, razón: _____

UNIDAD:
<u>Máscaras Puertorriqueñas</u>
Tema: <u>Máscara de Loíza</u>

Tema: <u>Máscara de Ponce</u>

Tema: <u>Máscara Libre</u>

ESTÁNDARES :	OBJETIVOS GENERALES: El alumno:	ACTIVIDADES:
EDUCACIÓN ESTÉTICA	Definirá el concepto máscara Loíza/Ponce de acuerdo con su conocimiento previo de ésta mediante respuestas a un cierto o falso/ preguntas dadas.	#1: Conteste un cierto o falso/preguntas.
CONTEXTO HISTÓRICO, SOCIAL Y CULTURAL	1. Leerá y comparará sus respuestas con información histórica provista para luego definirla correctamente y añadirla a su vocabulario diario teatral.	#1: Lectura: Loíza/Ponce
EXPRESIÓN CREATIVA	1.Luego de haber realizado el boceto, autoevaluará su trabajo para reconocer fortalezas y debilidades a reflexionar. Después compartirá su evaluación con el maestro para discutirla. (Evaluación combinada) 2. Utilizando el boceto como guía, confeccionará una máscara siguiendo los pasos previamente estudiados para lograr, al menos un 95% de efectivdad. Dcumentará su proceso diario mediante bitácora de trabajo, dada. 3. Evidenciará su trabajo colocando una o varias fotos del producto y/o proceso sin error.	#1: Dibuje una propuesta de la máscara Loíza/Ponce/libre. #2: Realice una máscara partiendo del diseño creado. Documente día a día su proceso. (Bitácora) #3: Coloque una o varias fotografías de su máscara terminada.
JUICIO ESTÉTICO	1.Luego de haber confeccionado la máscara, autoevaluará su trabajo para reconocer fortalezas y debilidades. Después compartirá su evaluación con el maestro para discutirla. (Evaluación combinada) 2. Escribirá un corto ensayo reflexivo mediante respuestas a preguntas dadas, con ninguno o pocos errores.	#1: Evaluación #2: Reflexión

NOMBRE: _____ Fecha: _____

EDUCACIÓN ESTÉTICA:
TEMA: <u>Máscara de Loíza: Las Fiestas de Santiago Apóstol en Loíza</u>
ACTIVIDAD: Conteste las siguientes preguntas utilizando su conocimiento.

1. ¿Conoce el significado de la máscara de Loíza?

2. ¿Existe un solo tipo de máscara de Loíza?

3. ¿Cuáles crees que son las características físicas de las máscaras de Loíza?

4. ¿De qué material cree que se construyeron las máscaras de Loíza?

5. ¿Cuáles colores crees que se utilizaban para pintar las máscaras de Loíza?

INVESTIGACIÓN SOCIAL Y CULTURAL   Fecha: _____

TEMA: <u>Máscara de Loíza: Las Fiestas de Santiago Apóstol en Loíza</u>

En el Carnaval de Loíza, predominan cuatro personajes principales: el caballero, los vejigantes, los viejos y las locas. De las fiestas de Santiago Apóstol surgen los vejigantes. Tienen su origen en España, en los bailes de moros y cristianos, con las posteriores influencias africanas.

Se celebran los tres Santiagos, el de los hombres, el de los niños y el de las mujeres. Aparecen hombres con disfraces de antiguos caballeros españoles, que son la contraparte de los vejigantes. Los vejigantes son representantes del mal, del demonio y de los moros. Los trajes (mamelucos) están realizados con telas baratas de colores brillantes y estampados multicolores. En general, los colores usados son el rojo, el amarillo y el verde, para el mameluco con anchas mangas de las cuales salen alas.

En fiestas de Santiago, a veces se acompañan de música de bomba mientras los celebrantes usan las máscaras típicas de los vejigantes para espantar espíritus perversos y piratas. Hacen caravanas que van por las calles tocando y cantando. A veces son acompañados por carrosas. El vejigante es uno de los personajes más típicos de las celebraciones de Santiago de Loíza. Sus máscaras están realizadas de coco. Al coco se le practican dos cortes de 45º en la parte posterior y se los ahueca. Se les talla un rostro grotesco en el que sobresalga la nariz y los labios. Los dientes se hacen de bambú, y los cuernos se realizan con el mango del racimo de cocos.

*Investiga otros datos sobresalientes de esta celebración puertorriqueña.

_____

_____

_____

_____

_____

_____

_____

_____

NOMBRE: _____ Fecha: _____

TEMA: <u>Máscara de Loíza: Las Fiestas de Santiago Apóstol en Loíza</u>

ACTIVIDAD: Luego del estudio y la investigación, conteste las siguientes preguntas correctamente.

1. ¿Conoce el significado de la máscara de Loíza?

2. ¿Existe un solo tipo de máscara de Loíza?

3. ¿Cuáles crees que son las características físicas de las máscaras de Loíza?

4. ¿De qué material cree que se construyeron las máscaras de Loíza?

5. ¿Cuáles colores crees que se utilizaban para pintar las máscaras de Loíza?

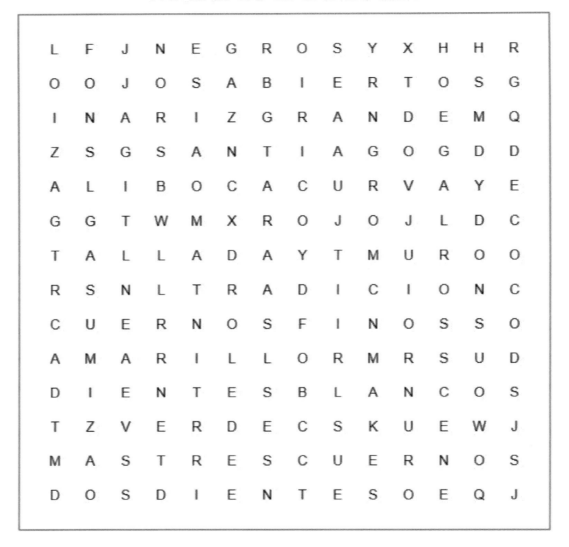

Nombre: _____ Fecha: _____

EDUCACIÓN ESTÉTICA:

ACTIVIDAD: Busque y circule las palabras en el palabragramas.

MASCARAS DE LOIZA

```
L   F   J   N   E   G   R   O   S   Y   X   H   H   R
O   O   J   O   S   A   B   I   E   R   T   O   S   G
I   N   A   R   I   Z   G   R   A   N   D   E   M   Q
Z   S   G   S   A   N   T   I   A   G   O   G   D   D
A   L   I   B   O   C   A   C   U   R   V   A   Y   E
G   G   T   W   M   X   R   O   J   O   J   L   D   C
T   A   L   L   A   D   A   Y   T   M   U   R   O   O
R   S   N   L   T   R   A   D   I   C   I   O   N   C
C   U   E   R   N   O   S   F   I   N   O   S   S   O
A   M   A   R   I   L   L   O   R   M   R   S   U   D
D   I   E   N   T   E   S   B   L   A   N   C   O   S
T   Z   V   E   R   D   E   C   S   K   U   E   W   J
M   A   S   T   R   E   S   C   U   E   R   N   O   S
D   O   S   D   I   E   N   T   E   S   O   E   Q   J
```

AMARILLO	BOCACURVA
CUERNOSFINOS	DECOCO
DIENTESBLANCOS	DOSDIENTES
LOIZA	MASTRESCUERNOS
NARIZGRANDE	NEGRO
OJOSABIERTOS	ROJO
SANTIAGO	TALLADA
TRADICION	VERDE

Nombre: _____   Fecha: _____

EJECUSIÓN CREATIVA:

ACTIVIDAD: Dibuje una propuesta de la máscara de Loíza. Utilice la plantilla de rostro para hacer su boceto y diseño o dibújela a mano libre como estudiado. Recuerde la proporción.

Nombre: _____ Fecha: _____

JUICIO ESTÉTICO:

Rúbrica para evaluar Diseño de Máscara de Loíza   valor: 20 puntos

CRITERIO	4 Excelente	3 Bueno	2 Regular	0 NO hizo
USO DE PLANTILLA: (proporción)	_siempre usa plantilla para dibujar o mano libre y mantiene proporción.		_ usa/no usa plantilla para dibujar, pero NO hay proporción.	_NO hizo
RELEVANCIA DEL DISEÑO (boca abierta, hueco en ojos, dos dientes, al menos 3 cuernos, nariz triangular)	_tiene 4 ó todas las características de la máscara de Loíza.	_tiene 3 ó 2 de las características de la máscara de Loíza.	_ tiene 1 ó ninguna de las características de la máscara de Loíza.	_NO la hizo
LIMPIEZA (borrones y arrugas)	_el diseño está libre de borrones y arrugas.	_el diseño tiene pocos borrones o arrugas.	_el diseño está muy manchado de borrones y/o arrugas.	_NO hizo
COLOR (de acuerdo con la máscara de Loíza)	_todos los colores son los adecuados.	_Algunos colores son los adecuados.	_El color No es adecuado o no la pintó.	__NO la hizo
DISCIPLINA/ PUNTUALIDAD	__entregó antes o el día asignado.	_entregó un día después del día asignado.	_entregó dos a tres días después del asignado.	__NO la hizo.
TOTAL				

_____   _____   _____
Firma estudiante   Firma maestr@   Firma del encargado

Observaciones: _____
Educación diferenciada:_____ tutoría de pares ___subgrupos
___otro:_____
E/E: _____tiempo adicional ___ayuda individualizada ___maestra recurso
__otro:_____
_____ SIE, exento, razón: _____

NOMBRE:_____   FECHA: _____

EJECUSIÓN CREATIVA/ JUICIO ESTÉTICO:

ACTIVIDAD: Realice una máscara de Loíza partiendo del diseño creado.

Bitácora de Trabajo: Documente día a día su proceso.

Actividad:	Fecha:
Día 1: Diseñé el boceto	
Día 2:	
Día 3:	
Día 4:	
Día 5:	
Día 6:	
Día 7:	
Día 8:	
Día 9:	
Día 10: Evaluación	

Evaluación bitácora de trabajo: 10 puntos

Logrado: 10 puntos	Incompleto: 5 puntos	No consideró: 0 punto
__Documenó un desgloce completo de su trabajo día por día.	__Documenó un desgloce incompleto de su trabajo día por día.	__NO Documenó un desgloce completo de su trabajo día por día.

Rúbrica para evaluar construcción de máscara de Loíza: 70 puntos

CRITERIO	EXCELENTE 10	PUEDE MEJORAR 7	NO CONSIDERÓ 4	NO HIZO 0
ELEMENTOS REQUERIDOS -Boceto de la máscara -Colores según características	__el diseño posee todos los elementos requeridos: boceto y colores	__el diseño posee algunos de los elementos requeridos: Boceto o colores	__el diseño no posee los elementos requeridos: ni boceto ni colores	_no lo hizo o entregó con la máscara.
CARACTERIZACION (posee características de máscara de Loíza)	__ la máscara posee todas las características -boceto	__la máscara posee 4 a 3 características-boceto	__ la mascara posee 2 ó ninguna de las características Loíza.	_NO la hizo
SEGUIR INSTRUCCIONES -proporción y dureza en capas de papel	__la construcción evidencia en proporción y dureza en capas de papel	_la construcción es pobre en proporción o dureza en capas de papel	__la construcción no evidencia en proporción y no dureza en capas de papel	_NO la hizo
TERMINACIONES (bordes forrados con papel)	__todos los bordes de la máscara están trabajados y lisos	___algunos de los bordes de las máscaras están trabajados y lisos	__los bordes de la máscara no están trabajados ni lisos	_NO la hizo
DESTREZA DE PEGAR	__la pega fue utilizada correctamente: cantidad necesaria sin manchas de pega ni arrugas.	__la pega fue utilizada regularmente: casi no hay o pocas manchas de pega o arrugas.	__la pega fue utilizada incorrectamente: cantidad exagerada hay manchas de pega y arrugas.	_NO la hizo
DESTREZAS DE COLOREAR	__ el color fue utilizado correctamente: no chorreado ni agrietado	__el color fue utilizado regularmente: no chorreado ni agrietado	__el color utilizado incorrectamente: chorreado y/o agrietado	_NO la hizo
DISCIPLINA- PUNTUALIDAD	__la construcción fue entregada el día solicitado.	__la construcción fue entregada de uno a tres días después de lo solicitado.	__la construcción fue entregada después de cuatro días del día solicitado.	_NO la hizo
TOTAL:				

NOMBRE: _____   FECHA: _____

JUICIO ESTÉTICO:

ACTIVIDAD: Coloque una o varias fotografías de su máscara terminada. Bono: 5 pts.

Nombre: _____ Fecha: _____

JUICIO ESTÉTICO:

REFLEXIÓN: Conteste utilizando oraciones. Cada pregunta corresponde a un párrafo. Cada párrafo debe tener un mínimo de cinco oraciones. Ofrezca evidencia, datos, haga comparaciones, de acuerdo con la pregunta.   25 puntos

1. ¿Conocía de nuestra máscara de Loíza y su orígen? Explique su respuesta.

2. ¿Cómo puede identificar la máscara de Loíza? Explique su respuesta.

3. ¿Le gustó haber realizado la máscara de Loíza? Narre su experiencia.

_____

_____

_____

_____

_____

_____

_____

_____

_____

_____

_____

_____

_____

_____

_____

_____

_____

_____

_____

_____

_____

_____

_____

_____

Nombre: _____ Fecha: _____

JUICIO ESTÉTICO:

RÚBRICA DE REFEXIÓN: VALOR: 25 puntos

CRITERIOS	5 EXCELENTE	3 BUENO	2 SATISFACTORIO	0 DEFICIENTE
FORMATO TIPO PÁRRAFOS	__usa formato de párrafos	__ a veces usa formato de párrafos	__ NO usó format de párrafos	__NO hizo
CONTENIDO	__ contestó todas las preguntas	__ contestó 2 de las preguntas	___ contestó 1 de las preguntas	__ NO contestó las preguntas
DATOS-EVIDENCIA	__provee 3 o más evidencia en sus respuestas	__ provee 2 evidencias en sus respuestas	__provee 1 evidencia en sus respuestas	__NO provee evidencia en sus respuestas
ORTOGRAFÍA	__ no tiene errores de puntuación, ni de letras mayúsculas, ni palabras mal escritas, ni error de sintaxis	__ tiene de uno a tres errores de puntuación, de letras mayúsculas, palabras mal escritas, error de sintaxis	__ tiene cuatro o más errores de puntuación, de letras mayúsculas, palabras mal escritas, error de sintaxis	__NO lo hizo
DISCIPLINA-PUNTUALIDAD	__entregó el trabajo antes o el día asignado	__entregó el trabajo el día después del día asignado	__entregó el trabajo dos a cinco días después del día asignado	__NO entregó
TOTAL				

_____   _____   _____

Firma del estudiante   Firma maestr@   Firma encargado

Observaciones:_____

_____

Educación diferenciada:____ tutoría de pares ___subgrupos
___otro:_____

E/E: ____tiempo adicional ___ayuda individualizada ___maestra recurso
___ Exento de SIE, razón: _____

TEMA: <u>Vivir del Arte</u>　　　　　　Fecha: _____
EJECUSIÓN CREATIVA:
¿Será posible o no vivir del Arte en estos tiempos? ¿Poseo destrezas, habilidades y creatividad para vender mi producto: la Máscara de Loíza?

ACTIVIDAD: <u>Conociendo los artistas de mi Comunidad.</u>
1. Identifique profesiones relacionadas al Arte en su Comunidad:

_____
_____
_____

2. Comuníquese e investigue "él cómo lo hace": su gestión, pregúntele:
a. Nombre y nombre de artista: _____
b. Tipo de arte que promueve o vende: _____
c. ¿Cómo descubre su pasión por el arte? _____

_____
_____

d. ¿Cuánto vale su trabajo/ producto? _____
e. ¿Cómo saca su costo? _____

_____
_____

f. ¿Cuánto tiempo lleva vendiendo su producto? _____ _____
g.¿Vive exclusivamente de su arte? _____
h. ¿Cuenta con otras fuentes de ingreso?_____
i. ¿Qué opina de vivir del arte? _____

_____
_____

h. Agradezca su tiempo por la entrevista.

ACTIVIDAD: Si usted fuera a vender su máscara de Loíza:
1. Verifique su trabajo luego de haber sido evaluado, ¿necesita su trabajo de mejoras para ser vendido? _____
2. Si necesita mejoras, estaría dispuest@ a hacerlas? _____
3. Calcule el costo de su máscara: _____

-Costo de materiales: _____ (sume el costo de todos los materiales)
-Tiempo de realización (en horas): _____
-Promedie cuánto desea cobrar por hora: _____
*Multiplique tiempo de realización por el costo por hora. Añádale la suma de los materiales y obtendrá el costo total de su máscara. _____

_____
_____
_____

4. Realice el mismo procedimiento con el boceto para sacar su precio.
5. Calcule el costo de su boceto: _____

-Costo de materiales: _____ (sume el costo de todos los materiales)
-Tiempo de realización (en horas): _____
-Promedie cuánto desea cobrar por hora: _____
*Multiplique tiempo de realización por el costo por hora. Añádale la suma de los materiales y obtendrá el costo total de su máscara. _____
6. Puede enmarcar su boceto en un cuadro para añadirle valor.
 -costo del marco: _____
-costo total del boceto: _____
7. ¿Cuánto ganará si vende su máscara? _____
8. ¿Cuánto ganará si vende su boceto? _____

Conteste:

1. ¿Sabe cuál es la diferencia en costos de un trabajo manual (artesanal) en comparación con uno de producción en masa (reproducción en grandes cantidades)?

    _____

2. El trabajo manual o artisanal es original y exclusivo. Pocas veces se puede volver a hacer para que quede igual al anterior. ¿Se debe pagar por la exclusividad del producto? Explique su respuesta.

    _____
    _____
    _____

3. ¿Cree usted que se puede vivir del Arte? Explique su respuesta.

    _____
    _____
    _____
    _____
    _____

ACTIVIDAD: <u>Vendiendo mi producto: Mi Máscara de Loíza</u>   Fecha: _____

1. Prepare una factura: (Ejemplo)

FACTURA # 001

Nombre: _____   Fecha: _____

Dirección: _____

Teléfono: _____

Correo electrónico: _____

PRODUCTO	DESCRIPCIÓN	COSTO
	TOTAL	

2. Prepare su producto para exhibición y venta:

a. Tomas de fotografías y preparación del "setting" (lugar de fondo):

- Coloque la máscara de Loíza sobre algún lugar que permita resaltar su belleza: sábana o pieza de tela, cojín, alfombra, una pared bien pintada, espejo; algún lugar en el exterior: frente a follaje natural, sobre la grama, amapolas, frente a un árbol, otro.

- Tómele fotos de varios ángulos: en el centro de la foto, hacia un extremo de la foto, de perfil, completamente frontal, etc.

-Edite las fotos de ser necesario. Puede utilizar fondos digitales gratuitos.

-Realice una composición atractiva para estos propósitos.

-Incluya en la promoción: las 3 mejores fotos de ángulos variados, su nombre, costo y número de teléfono o correo electrónico. Puede añadir una breve descripción de su elaboración y materiales utilizados.

3. Prepare una estrategia de venta:

a. Medios gratuitos disponibles: _____

4. Publicación del producto.

5. Venta y entrega de factura.

REFLEXIÓN:

1. ¿Fue exitoso mi plan de venta de la máscara de Loíza? _____

2. ¿Qué se debe mejorar? _____

3. ¿Lo volvería a realizar? _____

4. ¿Qué haré con el dinero recibido? ¿Lo invertiré en realizar otra máscara?

_____

_____

_____

MÁSCARA DE PONCE

TEMA: <u>Máscara de Ponce</u>   Fecha: _____

ACTIVIDAD: Conteste las siguientes preguntas utilizando su conocimiento previo.

1. ¿Conoce el significado de la máscara de Ponce?

2. ¿Existe un solo tipo de máscara de Ponce?

3. ¿Cuáles crees que son las características físicas de las máscaras de Ponce?

4. ¿De qué material cree que se construyeron las máscaras de Ponce?

5. ¿Cuáles colores crees que se utilizaban para pintar las máscaras de Ponce?

TEMA: <u>Máscara de Ponce</u>   Fecha: _____

CONTEXTO HISTÓRICO, SOCIAL Y CULTURAL:

El carnaval de Ponce data de los años 1700. Se dice que los Vejigantes nacieron en Ponce. En el carnaval de Ponce, los Vejigantes son monstruos que representan el mal. Ellos buscan secuestrar a los niños, pero las fuerzas del bien representadas por el rey Momo y sus seguidores los vencen.

Las máscaras son hechas de tiras de papel pegadas con una mezcla de harina y agua caliente (engrudo). En ocasiones se le añade un preservativo para su conservación. Las máscaras varían su forma dependiendo de quién las construyas. Los artesanos ponceños, construyen las máscaras combinando elementos africanos y europeos a tono con la cultura caribeña. Las máscaras van acompañadas de mamelucos o vestidos de muchos colores.

Para la fabricación de las máscaras de Ponce seguimos los siguientes pasos:
• se construye un molde de barro o de yeso
• se cubre con papel húmedo o una mezcla de papel y harina
•se deja secar y se retira del molde
• cuando la máscara está lista se le añaden cuernos anchos finalizando en forma puntiaguda (que se fabrican del mismo modo).

Se añaden facciones grotescas como lo son dientes frondosos y punzantes dentro de una boca grande en forma de hocico. Las máscaras son pintadas con colores variados y cubiertas con puntos coloridos. En el carnaval de Ponce cada elemento contiene un significado mágico y distintivo de Ponce: las carrozas nos hablan de las alegrías del pueblo; el rey Momo es el bien; los Vejigantes son las fuerzas negativas que hay que dominar; las reinas del carnaval son la inocencia y la belleza; el Jua es un muñeco de trapo y se quema para espantar el mal acumulado.

Busque información de la máscara de Ponce y escríbala aquí:

TEMA: <u>Máscara de Ponce</u>   Fecha: _____

EDUCACIÓN ESTÉTICA:

ACTIVIDAD: Luego de la investigación conteste las preguntas correctamente.

1. ¿Conoce el significado de la máscara de Ponce?

2. ¿Existe un solo tipo de máscara de Ponce?

3. ¿Cuáles crees que son las características físicas de las máscaras de Ponce?

4. ¿De qué material cree que se construyeron las máscaras de Ponce?

5. ¿Cuáles colores crees que se utilizaban para pintar las máscaras de Ponce?

Nombre: _____ Fecha:_____

ACTIVIDAD: Busque y circule las palabras en el palabragramas.

MASCARA DE PONCE

```
Z  A  D  M  U  G  S  K  A  M  C  A  B  B
C  A  I  U  U  K  T  B  M  U  U  J  R  L
O  M  E  C  I  T  I  O  A  C  E  P  O  A
L  T  N  H  C  Z  R  C  R  H  R  F  J  N
O  M  T  O  B  L  A  A  I  O  N  S  O  C
R  L  E  S  E  P  S  D  L  S  O  H  N  O
I  E  A  D  X  U  D  E  L  C  S  I  E  X
D  N  F  I  V  N  E  A  O  U  C  H  N  X
A  G  I  E  E  T  P  N  K  E  U  N  G  Y
L  U  L  N  R  O  A  I  X  R  R  E  R  B
M  A  A  T  D  S  P  M  U  N  V  G  U  F
U  J  D  E  E  U  E  A  B  O  O  R  D  O
E  W  O  S  H  F  L  L  U  S  S  O  O  K
C  A  R  T  O  N  P  I  E  D  R  A  P  B
```

AMARILLO	BLANCO
BOCADEANIMAL	CARTONPIEDRA
COLORIDA	CUERNOSCURVOS
DIENTEAFILADO	ENGRUDO
LENGUA	MUCHOSCUERNOS
MUCHOSDIENTES	NEGRO
PUNTOS	ROJO
TIRASDEPAPEL	VERDE

Nombre: _____ Fecha: _____

EJECUSIÓN CREATIVA: valor: 20 puntos

ACTIVIDAD: Dibuje una propuesta de la máscara de Ponce. Utilice la plantilla de rostro para hacer su boceto y diseño o dibújela a mano libre como estudiado. Recuerde la proporción.

Nombre: _____ Fecha: _____

JUICIO ESTÉTICO:

Rúbrica para evaluar Diseño de Máscara de Ponce.　　valor: 20 puntos

CRITERIO	4 Excelente	3 Bueno	2 Puede Mejorar	0 NO HIZO
USO DE PLANTILLA: (proporción)	_siempre usa plantilla para dibujar o mantiene proporción.	_usa o no usa plantilla y NO mantiene proporción.		_NO hizo.
RELEVANCIA DEL DISEÑO (boca abierta, lengua, hueco en ojos, varios dientes, hocico, al menos 5 cuernos)	_tiene todas o cuatro de las características de la máscara de Ponce.	_tiene tres o dos de las características de la máscara de Ponce.	_ tiene una o ninguna de las características de la máscara de Ponce.	_NO la hizo.
LIMPIEZA (borrones y arrugas)	_el diseño está libre de borrones y arrugas.	_el diseño tiene pocos borrones o arrugas.	_el diseño está muy manchado de borrones y/o arrugas.	_NO lo hizo.
COLORES (de acuerdo con la máscara de Ponce)	_todos los colores son adecuados según la mascara Ponce	_algunos colores son los adecuados según máscara	_El color No es adecuado o NO coloreó.	NO hizo.
DISCIPLINA/ PUNTUALIDAD	__entregó antes o el día asignado.	_entregó un día después del día asignado.	_entregó dos a tres días después del asignado.	_NO entregó.
Total				

_____   _____   _____

Firma estudiante　　　Firma maestr@　　　Firma del encargado

Observaciones: _____

Educación diferenciada:____ tutoría de pares ___subgrupos

___otro:_____

E/E: ____tiempo adicional ___ayuda individualizada ___maestra recurso

__otro:_____

_____ SIE, exento, razón: _____

NOMBRE:_____   FECHA: _____

EJECUSIÓN CREATIVA/ JUICIO ESTÉTICO:

ACTIVIDAD: Realice una máscara de Ponce partiendo del diseño creado.

Bitácora de Trabajo: Documente día a día su proceso.

Actividad:	Fecha:
Día 1: Diseñé el boceto	
Día 2:	
Día 3:	
Día 4:	
Día 5:	
Día 6:	
Día 7:	
Día 8:	
Día 9:	
Día 10: Evaluación	

Evaluación bitácora de trabajo: 10 puntos

Logrado: 10 puntos	Incompleto: 5 puntos	No consideró: 1 punto
__Documenó un desgloce completo de su trabajo día por día.	__Documenó un desgloce incompleto de su trabajo día por día.	__NO documenó un desgloce completo de su trabajo día por día.

Rúbrica para evaluar construcción de máscara de Ponce: 70 puntos

CRITERIO	EXCELENTE 10	PUEDE MEJORAR 7	NO CONSIDERÓ 4	NO HIZO 0
ELEMENTOS REQUERIDOS -Boceto de la máscara -Colores según características	__el diseño posee todos los elementos requeridos: boceto y colores	__el diseño posee algunos de los elementos requeridos: Boceto o colores	__el diseño no posee los elementos requeridos: ni boceto ni colores	__NO lo hizo
CARACTERIZACION (posee características de máscara de Ponce) Ver boceto	__ la máscara posee todas o cuatro de las características de la máscara de Ponce.	__la máscara posee de tres a dos características de la máscara de Ponce.	__ la máscara posee una o ninguna de las características de la mascara de Ponce.	__NO lo hizo
SEGUIR INSTRUCCIONES -proporción y dureza en capas de papel	__la construcción evidencia proporción y dureza en capas de papel	__la construcción evidencia proporción o no dureza en capas de papel	__la construcción NO evidencia proporción ni dureza en capas de papel	__NO lo hizo
TERMINACIONES (bordes forrados con papel)	__todos los bordes de la máscara están trabajados y lisos	___algunos de los bordes de las máscaras están trabajados y lisos	__los bordes de la máscara no están trabajados ni lisos	__NO lo hizo
DESTREZA DE PEGAR	__la pega fue utilizada correctamente: cantidad necesaria sin manchas de pega ni arrugas.	__la pega fue utilizada regularmente: casi no hay o pocas manchas de pega o arrugas.	__la pega fue utilizada incorrectamente: cantidad exagerada hay manchas de pega y arrugas.	__NO lo hizo
DESTREZAS DE COLOREAR	__ el color fue utilizado correctamente: no chorreado ni agrietado	__el color fue utilizado regularmente: no chorreado ni agrietado	__el color fue utilizado incorrectamente: chorreado y/o agrietado	__NO lo hizo
DISCIPLINA- PUNTUALIDAD	__la construcción fue entregada el día solicitado.	__la construcción fue entregada de uno a tres días después de lo solicitado.	__la construcción fue entregada después de cuatro días del día solicitado.	__NO lo hizo
TOTAL:				

NOMBRE: _____   FECHA: _____

JUICIO ESTÉTICO:

ACTIVIDAD: Coloque una o varias fotografías de su máscara terminada. Bono: 5 pts.

Nombre: _____ Fecha: _____

EJECUSIÓN CREATIVA:

TEMA: Técnica de escritura de libreto simple: Máscara de Ponce

Puede seleccionar una de las siguientes opciones:

ACTIVIDAD: Luego del estudio de la teória de la máscara de Ponce y de su propia investigación, utilice esos datos para crear un libreto informativo sobre las características de las máscaras de Ponce, sus festividades, entre otros.

-Procedimiento: a cada compañero de clases, se le asigna un número. En ese orden, ofrecen un dato encontrado convirtiéndolo en una oración completa. Así mismo se va escribiendo en el libreto.

Ejemplos:

Títulos posibles: Surgimiento de las máscaras de Ponce, Ponce y sus máscaras tradicionales, Conociendo nuestra cultura: Máscaras de Ponce, otro.

Alumno 1: Ponce, un pueblo situado al sur de la isla de Puerto Rico.
Alumno 2: Cuenta con un festival de máscaras tradicionales que data del 1700.
Alumno 3: Se dice que fue en Ponce donde nacieron los vejigantes.
Alumno 4: _____
Alumno 5: _____

ACTIVIDAD #2: Presentación del libreto.

Sugerencias:

1. Cada alumno puede ponerse una camisa de un color sólido en particular o negro. Agarrar la máscara de Ponce en la mano mientras dice su línea, sin que le tape la cara. Cada alumno puede grabarse desde su celular en un mismo ángulo frontal. En edición, juntar los videos y presentarse como uno informativo.

2.Pueden amarrarse una sábana de color sólido o colorida y colocarse la máscara para realizar movimientos de baile con ellas puestas y recrear un baile de máscaras (utilizando nuestras plenas).

3.En la sala de clases: se recrean las diferentes festividades que se nutren del Carnaval de Máscaras de Ponce: ejemplo, parada de comparsas (exhibiendo las máscaras).

Título: _____

Autor: Libreto colectivo del grupo _____

_____

_____

_____

_____

_____

_____

_____

_____

_____

_____

_____

_____

_____

_____

_____

_____

_____

_____

_____

_____

_____

_____

_____

_____

Nombre: _____ Fecha: _____

JUICIO ESTÉTICO:

REFLEXIÓN: Conteste utilizando oraciones. Cada pregunta corresponde a un párrafo. Cada párrafo debe tener un mínimo de cinco oraciones. Ofrezca evidencia, datos, haga comparaciones, de acuerdo con la pregunta.　　25 puntos

1. ¿Qué características de la máscara de Ponce le interesan? Explique su respuesta.

2. ¿Cómo fu el proceso de construcción de la máscara de Ponce? Explique.

3. ¿Le gustó haber realizado la máscara de Ponce? Narre su experiencia.

Nombre: _____ Fecha: _____

JUICIO ESTÉTICO:

RÚBRICA DE REFEXIÓN: VALOR: 25 puntos

CRITERIOS	5 EXCELENTE	3 BUENO	2 SATISFACTORIO	0 DEFICIENTE
FORMATO TIPO PÁRRAFOS	__usa formato de párrafos	__ a veces usa formato de párrafos	__ NO usa formato de párrafos	__No hizo
CONTENIDO	__ contestó todas las preguntas	__ contestó 2 de las preguntas	____ contestó 1 de las preguntas	__ NO hizo
DATOS-EVIDENCIA	__provee 3 o más evidencia en sus respuestas	__ provee 2 evidencias en sus respuestas	__provee 1 evidencia en sus respuestas	__No provee evidencia en sus respuestas
ORTOGRAFÍA	__ no tiene errores de puntuación, ni de letras mayúsculas, ni palabras mal escritas, ni error de sintaxis	__ tiene de uno a tres errores de puntuación, de letras mayúsculas, palabras mal escritas, error de sintaxis	__ tiene cuatro o más errores de puntuación, de letras mayúsculas, palabras mal escritas, error de sintaxis	__NO hizo
DISCIPLINA-PUNTUALIDAD	__entregó el trabajo antes o el día asignado	__entregó el trabajo el día después del día asignado	__entregó el trabajo dos o tres días después del día asignado	__NO entregó.
TOTAL				

_____   _____   _____
Firma del estudiante   Firma maestr@   Firma encargado

Observaciones:_____
_____

Educación diferenciada:_____ tutoría de pares ___subgrupos
___otro:_____

E/E: ____tiempo adicional ___ayuda individualizada ___maestra recurso
____ Exento de SIE, razón: _____

MÁSCARA LIBRE:

Nombre: _____ Fecha: _____

EDUCACIÓN ESTÉTICA:

TEMA: <u>Máscara Libre</u>

ACTIVIDAD: Seleccione para dirigir su investigación y su diseño.

_____ 1. Me inclino a realizar una máscara que represente a un animal.

_____ 2. Me inclino a realizar una máscara que represente un elemento de la naturaleza: _____tierra, _____fuego, _____ viento, _____agua

_____ 3. Me inclino a realizar una máscara de algo sobrenatural: ___ duende, ___ unicornio, ____ otro: _____

_____ 4. Me inclino a realizar una máscara que represente a un superhéroe. Cuál? _____

_____ 5. Me inclino a realizar una máscara que lleve un mensaje escrito.

_____ 6. Me inclino a realizar una máscara que represente un lugar.

_____ 7. Me inclino a realizar una máscara que represente una emosión.

CONTEXTO HISTÓRICO, SOCIAL Y CULTURAL:

TEMA: <u>Máscara libre</u>

ACTIVIDAD: Busque información en el servidor se su preferencia y escribe los datos más importantes de la máscara que propone realizar.

_____
_____
_____
_____
_____
_____
_____
_____
_____
_____
_____

Nombre: _____   Fecha: _____

ACTIVIDAD: Dibuje una propuesta de la máscara libre. Utilice la plantilla de rostro para hacer su boceto y diseño o dibújela a mano libre como estudiado. Recuerde la proporción.   Valor: 20 puntos

Nombre: _____ Fecha: _____

JUICIO ESTÉTICO:

Rúbrica para evaluar Diseño de Máscara Libre: valor: 20 puntos

CRITERIO	4 Excelente	3 Bueno	2 Regular	0 NO HIZO
BOCETO-USO DE PLANTILLA O MANO LIBRE: (proporción)	_siempre usa plantilla para dibujar/mano libre y mantiene proporción.	_usa incorrecta la plantilla o mano libre con poca proporción.	_NO usa plantilla para dibujary NO mantiene proporción.	_NO hizo boceto
RELEVANCIA DEL DISEÑO (contiene características que la definen)	_tiene todas las características que la definen.	_casi no tiene características que la definen.	_ NO tiene características que la definen.	_NO hizo boceto
LIMPIEZA (borrones y arrugas)	_el diseño está libre de borrones y arrugas.	_el diseño tiene pocos borrones o arrugas.	_el diseño está manchado por borrones o arrugas.	_NO hizo boceto
COLOR (de acuerdo con la máscara diseñada)	_El color es el adecuado.	_EL color no es el adecuado.	_No lo coloreó.	_NO hizo boceto
DISCIPLINA/ PUNTUALIDAD	__entregó antes o el día asignado.	_entregó un día después del día asignado.	_entregó dos a tres días después del asignado.	_NO entregó
TOTAL				

_____   _____   _____
Firma estudiante   Firma maestr@   Firma del encargado

Observaciones: _____

Educación diferenciada:_____ tutoría de pares ___subgrupos
___otro:_____
E/E: _____tiempo adicional ___ayuda individualizada ___maestra recurso
__otro:_____
_____ SIE, exento, razón: _____

MÁSCARAS-IVELISSE GÓMEZ-GUZMÁN

NOMBRE:_____   FECHA: _____

EJECUSIÓN CREATIVA/ JUICIO ESTÉTICO:

ACTIVIDAD: Realice una máscara libre partiendo del diseño creado.

Bitácora de Trabajo: Documente día a día su proceso.   Valor: 10 puntos

Actividad:	Fecha:
Día 1: Diseñé el boceto	
Día 2:	
Día 3:	
Día 4:	
Día 5:	
Día 6:	
Día 7:	
Día 8:	
Día 9:	
Día 10: Evaluación	

Evaluación bitácora de trabajo:	10 puntos	
Logrado: 10 puntos	Incompleto: 5 puntos	No consideró: 0 puntos
__Documentó un desgloce completo de su trabajo día por día.	__Documentó un desgloce incompleto de su trabajo.	__NO documentó su trabajo.

Rúbrica para evaluar construcción de máscara griega: 70 puntos

CRITERIO	EXCELENTE 10	PUEDE MEJORAR 7	REGULAR 4	NO HIZO 0
ELEMENTOS REQUERIDOS -Boceto de la máscara -Colores según características	__evidenció los elementos requeridos: boceto y colores	__evidenció uno de los elementos requeridos: Boceto y colores incorrectos o no boceto y colores correctos	__No posee los elementos requeridos: No boceto, colores incorrectos	__NO hizo
CARACTERIZACION (posee características de la máscara propuesta)	__ la máscara siempre posee características según boceto.	__la máscara regularmente representa característica según boceto.	__ la máscara no representa característica según boceto.	__NO hizo
SEGUIR INSTRUCCIONES -proporción y dureza en capas de papel	__la construcción evidencia proporción y dureza en capas de papel	__la construcción no evidencia proporción y si dureza en capas de papel	__la construcción no evidencia proporción ni dureza en capas de papel	__NO hizo
TERMINACIONES (bordes forrados con papel)	__todos los bordes de la máscara están trabajados y lisos	___algunos de los bordes de las máscaras están trabajados y lisos	__los bordes de la máscara no están trabajados ni lisos	__NO hizo
DESTREZA DE PEGAR	__la pega fue utilizada correctamente: cantidad necesaria sin manchas de pega ni arrugas.	__la pega fue utilizada regularmente: casi no hay o pocas manchas de pega o arrugas.	__la pega fue utilizada incorrectamente: cantidad exagerada hay manchas de pega y arrugas.	__NO hizo
DESTREZAS DE COLOREAR	__ el color fue utilizado correctamente: no chorreado ni agrietado	__el color fue utilizado regularmente: no chorreado ni agrietado	__el color utilizado incorrectamente: chorreado y/o agrietado	__NO hizo
DISCIPLINA-PUNTUALIDAD	__la construcción fue entregada el día solicitado.	__la construcción fue entregada de uno a tres días después de lo solicitado.	__la construcción fue entregada después de cuatro días del día solicitado.	__NO hizo
TOTAL:				

NOMBRE: _____   FECHA: _____

JUICIO ESTÉTICO:

ACTIVIDAD: Coloque una o varias fotografías de su máscara terminada. Bono: 5 pts.

NOMBRE: _____ FECHA: _____

EJECUSIÓN CREATIVA:

TEMA: <u>Máscara libre</u>

ACTIVIDAD: Narre brevemente lo que realizará para exhibir, utilizar o si venderá su máscara libre.

Nombre: _____ Fecha: _____

Hoja de cotejo para evaluar el enmarque y exhibición de la máscara libre:

CRITERIO	LOGRADO 6	EN PROCESO 3	NO HIZO 0
ENMARQUE MÁSCARA LIBRE/ COLOR O FORRADO	_enmarcó y coloreó o forró completamente la máscara libre	_enmarcó y coloreó o forró parcialmente la máscara libre	_NO enmarcó la máscara libre
PREPARACIÓN DEL LUGAR DE LA EXHIBICIÓN	_preparó el lugar		_NO preparó el lugar
PREPARACIÓN DE LA TARJETA	_completó total la información de tarjeta	_completó parcialmente	_NO completó información
EXPRESIÓN ORAL	_se expresó con fluidéz	_se expresó insegur@	_NO hizo
PUBLICIDAD DE LA EXHIBICIÓN	_creó publicidad completa	_creó publicidad parcialmente	_NO hizo
TOTAL			

_____   _____   _____

Firma estudiante   Firma maestr@   Firma del encargado

Observaciones: _____

Educación diferenciada: _____ tutoría de pares ___subgrupos ___otro:

_____

E/E: ____tiempo adicional ___ayuda individualizada ___maestra recurso

_____ SIE, exento, razón: _____

REFLEXIÓN: Complete la oración.

1. El enmarque de la máscara resultó _____

_____

_____

2. En la preparación de la exhibición _____

_____

_____

3. El día de la exhibición _____

_____

_____

4. La publicidad _____

_____

MÁSCARAS-IVELISSE GÓMEZ-GUZMÁN

Nombre_____ Fecha: _____

EJECUSIÓN CREATIVA:

TEMA: <u>Máscara libre en función</u>

ACTIVIDAD: Recree la escena. Recuerde que es un curso de máscaras, ella es la protagonista.

(Valor: 60 pts.)

CRITERIOS	10 EXCELENTE	7 BUENO	4 SATISFACTORIO	1 DEFICIENTE
FLUIDEZ Y TEMPO DE LA ESCENA	__siempre mantuvo fluidez y tempo	__a veces mantuvo fluidez y tempo	__NO mantuvo fluidez y tempo	__ NO presentó
CARACTERIZACIÓN DE LA MÁSCARA SEGÚN SU ESTILO	__siempre mantuvo la máscara según su estilo	__a veces mantuvo la máscara según su estilo	__NO mantuvo la máscara según su estilo	__NO presentó
DOMINIO ESCÉNICO	__siempre demostró seguridad	__a veces demuestra seguridad	__NO demostró seguridad	__NO presentó
HABILIDAD PARA RELACIONARSE CON LOS OTROS ACTORES	__siempre demostró relación con los otros actores en la escena	__a veces demostró relación con los otros actores en la escena	__casi nunca demostró relación con los otros actores en la escena	__NO demostró relación con los otros actores en la escena. NO participó.
HABILIDAD PARA CAUTIVAR AL PÚBLICO	__siempre cautiva al público	__a veces cautiva al público	__casi nunca cautivó al público	__NO cautiva al público o NO presentó
MANEJO DE LA MÁSCARA	__siempre mantuvo su máscara puesta	__se toca la máscara en escena sin justificación	_se le soltó y/o cayó la máscara en escena	__NO usó o mantuvo su máscara puesta
TOTAL				

_____   _____   _____

Firma estudiante   Firma maestr@   Firma del encargado

Observaciones: _____

Educación diferenciada:_____ tutoría de pares ___subgrupos

___otro:_____

E/E: _____tiempo adicional ___ayuda individualizada ___maestra recurso

__otro:_____

_____ SIE, exento, razón: _____

ACTIVIDAD: <u>Vendiendo mi producto: Mi Máscara Libre</u>   Fecha: _____

   1. Prepare una factura: (Ejemplo)

FACTURA # 001

Nombre: _____   Fecha: _____

Dirección: _____

Teléfono: _____

Correo electrónico: _____

PRODUCTO	DESCRIPCIÓN	COSTO
	TOTAL	

2. Prepare su producto para exhibición y venta:

a. Tomas de fotografías y preparación del "setting" (lugar de fondo):

- Coloque la máscara libre sobre algún lugar que permita resaltar su belleza: sábana o pieza de tela, cojín, alfombra, una pared bien pintada, espejo; algún lugar en el exterior: frente a follaje natural, sobre la grama, amapolas, frente a un árbol, otro.

- Tómele fotos de varios ángulos: en el centro de la foto, hacia un extremo de la foto, de perfil, completamente frontal, etc.

-Edite las fotos de ser necesario. Puede utilizar fondos digitales gratuitos.

-Realice una composición atractiva para estos propósitos.

-Incluya en la promoción: las 3 mejores fotos de ángulos variados, su nombre, costo y número de teléfono o correo electrónico. Puede añadir una breve descripción de su elaboración y materiales utilizados.

3. Prepare una estrategia de venta:

      a. Medios gratuitos disponibles: _____

4. Publicación del producto.

5. Venta y entrega de factura.

REFLEXIÓN:

1. ¿Fue exitoso mi plan de venta de la máscara libre? _____

2. ¿Qué se debe mejorar? _____

3. ¿Lo volvería a realizar? _____

4. ¿Qué haré con el dinero recibido? ¿Lo invertiré en realizar otra máscara?

_____

_____

_____

_____

Nombre: _____ Fecha: _____

JUICIO ESTÉTICO:

REFLEXIÓN: Conteste utilizando oraciones. Cada pregunta corresponde a un párrafo. Cada párrafo debe tener un mínimo de cinco oraciones. Ofrezca evidencia, datos, haga comparaciones, de acuerdo con la pregunta.   25 puntos

1. ¿Cuál máscara le ha gustado más? Explique.
2. ¿Consideraría el realizar máscaras como un trabajo artesanal? Explique.
3. ¿Cuál ha sido la construcción de la máscara más retante?

_____
_____
_____
_____
_____
_____
_____
_____
_____
_____
_____
_____
_____
_____
_____
_____
_____
_____
_____
_____
_____
_____
_____
_____

MÁSCARAS-IVELISSE GÓMEZ-GUZMÁN

Nombre: _____ Fecha: _____

JUICIO ESTÉTICO:

RÚBRICA DE REFEXIÓN: VALOR: 25 puntos

CRITERIOS	5 EXCELENTE	3 BUENO	2 SATISFACTORIO	0 DEFICIENTE
FORMATO TIPO PÁRRAFOS	__usa formato de párrafos	__ a veces usa formato de párrafos	__ rara vez usa formato de párrafos	__no usó formato de párrafos o No hizo
CONTENIDO	__ contestó todas las preguntas	__ contestó 2 de las preguntas	___ contestó 1 de las preguntas	__ no contestó las preguntas
DATOS-EVIDENCIA	__provee 3 o más evidencia en sus respuestas	__ provee 2 evidencias en sus respuestas	__provee 1 evidencia en sus respuestas	__No provee evidencia en sus respuestas
ORTOGRAFÍA	__ no tiene errores de puntuación, ni de letras mayúsculas, ni palabras mal escritas, ni error de sintaxis	__ tiene de uno a tres errores de puntuación, de letras mayúsculas, palabras mal escritas, error de sintaxis	__ tiene cuatro o más errores de puntuación, de letras mayúsculas, palabras mal escritas, error de sintaxis	__No lo hizo
DISCIPLINA-PUNTUALIDAD	__entregó el trabajo antes o el día asignado	__entregó el trabajo el día después del día asignado	__entregó el trabajo dos o tres días después del día asignado	__NO entregó
TOTAL				

_____   _____   _____

Firma del estudiante   Firma maestr@   Firma encargado

Observaciones:_____

_____

Educación diferenciada:_____ tutoría de pares ___subgrupos
___otro:_____

E/E: _____tiempo adicional ___ayuda individualizada ___maestra recurso
___ Exento de SIE, razón: _____

APÉNDICE:

Tema: <u>Agarrar correctamente el lápiz</u>

Tema: <u>Ejercicios para soltar la muñeca</u>

Tema: <u>Tipos de líneas</u>

Tema: <u>Letra gótica para diseñar</u>

Tema: <u>Actividades para desarrollar creatividad</u>

Nombre: _____   Fecha: _____

EJECUSIÓN CREATIVA:

Tema: <u>Agarrar correctamente el lápiz</u>   Fecha: _____

El lápiz se agarra suevemente para sostenerlo y manejarlo; no se aprieta. Este se sugeta con el dedo índice y el pulgar. El dedo índice se coloca en la parte superior cerca de la punta mientras que el dedo pulgar lo sostiene opuestamente. Puede recostarlo levemente del dedo del corazón. El agarrar correctamente el lápiz es el primer paso para tener éxito en nestra escritura y diseños.

La muñeca debe estar relajada y lista para moverse al realizar los trazos de las letras o el diseño.

ACTIVIDAD: Agarre el lápiz y observe si lo hace correctamente. Conteste.

1. Agarro correctamente el lápiz. ☐si ☐no.

-Si respondió no, ¿cómo puede mejorarlo?

_____

_____

_____

_____

Nombre: _____ Fecha: _____

Tema: <u>Ejercicio para soltar la muñeca</u>

ACTIVIDAD: Coloque su lápiz en el centro del papel. Comience a dibujar círculos rotándo la muñeca sin despegar la punta del lápiz del papel.

Nombre: _____ Fecha: _____

Tema: <u>Ejercicio para soltar la muñeca</u>

ACTIVIDAD: Trace por encima cada ejercicio. No levante la punta del lápiz.

Nombre: _____ Fecha: _____

EJECUSIÓN CREATIVA:

TEMA: <u>DISEÑO: TIPOS DE LÍNEAS</u>   Fecha: _____

| VERTICAL | HORIZONTAL | DIAGONAL | QUEBRADA |

| ONDULADA | ZIGZAG | CURVA |

_ _ _ _ _ _ _ _ _ _ línea entrecortada= suspendido (al aire) o recortar.

_____ línea guía=línea fina que solo usted ve, se hace con regla.

_____ línea de contorno=línea gruesa, delinea borde de diseños.

ACTIVIDAD : Practique los tipos de líneas en el espacio dado.

NOMBRE: _____ Fecha: _____

TEMA: <u>LETRAS Y NÚMEROS GÓTICOS</u>

A B C D E F G H I J K L M N O P Q R S T U V W X Y Z   1 2 3 4 5 6 7 8 9 10

Las letras góticas son letras mayúsculas todas utilizadas universalmente para rotular todo lo relacionado a diseños y planos. Éstas parten de líneas rectas y líneas curvas. En el momento de rotular, se escriben dentro de dos líneas guías para que queden todas alineadas y del mismo tamaño.

ACTIVIDAD: Realice la letra en cada cuadro. Escriba dentro de dos líneas guías.

A													
B													
C													
D													
E													
F													
G													
H													
I													
J													
K													
L													
M													
N													
O													
P													
Q													
R													
S													
T													

U															
V															
W															
X															
Y															
Z															
1															
2															
3															
4															
5															
6															
7															
8															
9															
0															

RÚBRICA DE LETRAS GÓTICAS Y NÚMEROS :

CRITERIOS	10 EXCELENTE	7 BUENO	4 PUEDE MEJORAR	0 NO LO HIZO
SEGUIR INSTRUCCIONES: Realizó líneas guías	__siempre sigue instrucciones: realizó líneas guías			__NO realizó líneas guías
TRAZO CORRECTO DE LETRA: líneas rectas y curvas	__siempre realiza el trazo correcto de letra	__a veces realiza el trazo correcto	__ rara vez realiza el trazo correcto de letra	__NO realizó
TRAZO CORRECTO EN NÚMERO	__siempre realiza el trazo correcto	__a veces realiza el trazo	__rara vez realiza el trazo correcto	__NO realizó
NITIDEZ	__siempre está limpio, NO roto ni estrujado	__a veces está limpio, roto o estrujado	__ NO está limpio o está roto y estrujado	__NO realizó
DISCIPLINA-PUNTUALIDAD	__entrega el día de la evaluación	__entrega el día después de la evaluación	__entrega dos días después de la evaluación	__no entregó
TOTAL				

PRÁCTICA ADICIONAL DE LETRAS CON DIFCULTAD:

PRÁCTICA ADICIONAL DE NÚMEROS CON DIFICULTAD:

Nombre: _____ Fecha: _____

EJECUSIÓN CREATIVA:

TEMA: <u>Actividad para desarrollar la creatividad</u> ⌛ (20 segundos)

Dibuje la mayor cantidad de rostros que pueda sin repetirlos. Incluya ojos, cejas, nariz, boca. Recomendación: piense en expresiones.

Nombre: _____   Fecha: _____

EJECUSIÓN CREATIVA:

TEMA: <u>Actividad para desarrollar la creatividad</u>   ⧗ (30 segundos)
Dibuje 4 paisajes o lugares utilizando, al menos, 3 de las figuras propuestas.

Nombre: _____ Fecha: _____

EJECUSIÓN CREATIVA:

TEMA: <u>Actividad para desarrollar la creatividad</u>   (30 segundos)

Transforme las figuras en animales. Puede añadir círculos, triángulos, rayas, otro.

REFERENCIA MINIMA:

RECOPILADO:

Agosto 2017: http://tesauros.mecd.es/tesauros/bienesculturales/1181390

Agosto 2017: https://www.cultura10.org/griega/mascaras/

Agosto 2017: https://academiaplay.es/historia-teatro-comedia-arte/

Agosto 2017: https://www.masquemascaras.es/historia-mascaras-comedia-del-arte/

Agosto: 2017: https://tectonica.archi/articles/mascara-veneciana/

Agosto 2017: https://amigosgrandesmaestros.org/pieza/las-mascaras-de-vejigantes/

Agosto 2018: https://www.mapr.org/webcast_educacion/toco_toco/carnaval_loiza.htm

Agosto 2018: https://www.youtube.com/watch?v=L6l0ulwVxYw (yeso)

Agosto 2018: https://www.deimperiosanaciones.com.es/el-simbolismo-que-oculta-la-mascara/

Abril 2020: https://www.google.com/search?q=mascara+veneciana+peste&tbm

Abril 2020 https://www.google.com/search?q=mascara+moretta+veneciana

Abril 2020: https://www.japonartesescenicas.org/teatro/generos/noh/mascaras.html

Abril 2021: https://indianlioneducation.com/10-actividades-motricidad-fina/

TEXTOS:

Brozas Polo, M. P. (2003). La expresión corporal en el teatro europeo del siglo XX. ÑAQUE Editora. Ciudad Real.

Lecoq, J., Carasso, J.-G., y Lallias, J.-C. (2003). El cuerpo poético. Una pedagogía de la creación teatral. Alba Editorial S.L.U. Barcelona.

Gronemayer. (1996). Theater An ilustrated historical overview. Barron's. Crash courses series.

Made in the USA
Columbia, SC
05 August 2021